DAY TRADING FÜR ANFÄNGER 2024

Ein Schritt-für-Schritt-Leitfaden, um Ihre Gewinne zu steigern und ein passives Einkommen mit den richtigen Tipps, Taktiken und Aktionsplänen aufzubauen

Inhaltsverzeichnis

Einführung

Die Praxis des Day-Tradings, oft als Handel über kurze Zeiträume bekannt, wurde immer verbreiteter, als der Zugang zum Internet zunahm. Sofort entstanden Unternehmen, die den Online-Handel und die Vermittlung ermöglichten und eine beträchtliche Anzahl von Kunden anzogen. Menschen, die sich für die Finanzmärkte interessieren, können nun dank der einfachen Zugänglichkeit zu Aktienmärkten von zu Hause aus oder in einem örtlichen Café aus interessante und lukrative Arbeit finden. Plötzlich schien der Begriff "Investor" veraltet, und das Day-Trading wurde stattdessen sehr populär.

Es gab mehrere Missverständnisse aufgrund der zunehmenden Beliebtheit der Idee, Einkommen am Computer zu generieren. Bevor wir zur Diskussion über die tägliche Handelsstrategie übergehen, müssen wir diese Missverständnisse zuerst klären.

Beim Day-Trading gibt es keine narrensichere Methode, über Nacht reich zu werden: Die Vorstellung, dass Day-Trading nichts weiter als eine Gelddruckmaschine ist, ist sowohl das, was es am interessantesten macht, als auch das, was die meisten Menschen in die Irre führt. Dies ist überhaupt nicht der Fall. Viele Menschen glauben fälschlicherweise, dass es ausreicht, täglich Dinge zu kaufen und zu verkaufen, um immense Reichtümer anzuhäufen. Einzelhändler, die auf naive Weise in die

Märkte eintreten, auf Ratschläge von Freunden, Kollegen, TV-Gurus oder sogar Schneiderinnen hören und aufgrund dieser Art des Denkens ihr Hemd verlieren, verlieren eine beträchtliche Menge Geld. Der Handel an Finanzmärkten erfordert ein umfassendes Verständnis ihrer Funktionsweise, eine methodische Handelsstrategie und eine erhebliche Portion Geduld. Es ist ein verbreitetes Missverständnis, dass Day-Trading so einfach ist wie Lotto spielen oder in Casinos zu spielen. Das ist ein Irrglaube. Es gibt kein Glück oder Zufall, wenn es darum geht, in einem Unternehmen Geld zu verdienen. Nach gründlicher Recherche über das Unternehmen und die Branchenkenntnisse wurde die Entscheidung, dieses Risiko einzugehen, nach sorgfältiger Überlegung getroffen. Sie müssen die Feinheiten des Day-Trading verstehen, bevor Sie es überhaupt in Betracht ziehen können, es zu Ihrem Beruf oder Ihrer Haupteinnahmequelle zu machen. Untersuchen Sie alle Aspekte, die eine Rolle bei der Bestimmung der Ergebnisse des Day-Trading spielen. Wenn Sie ein guter Day-Trader sein wollen, müssen Sie die erforderlichen Fähigkeiten systematisch und schrittweise erwerben.

Immerhin können Sie es sich nicht erlauben, das Risiko einzugehen, Geld zu verlieren, wenn Sie es investieren, um Ihre Gewinne zu steigern.

Das tägliche Trading ist keine typische 9-5-Arbeit: Die Vorstellung, dass Day-Trading dasselbe ist wie eine herkömmliche Arbeit von neun Uhr morgens bis fünf Uhr nachmittags, ist ein weiteres weit verbreitetes Missverständnis, das dazu führt, dass Einzelhändler finanzielle Verluste erleiden. Sie gehen davon aus, dass Sie sofort mit dem Handel beginnen, wenn die Märkte öffnen (nachdem Sie zu einer bestimmten Zeit zur Arbeit gekommen sind), den ganzen Tag handeln und Ihre Positionen schließen, sobald die Schlussglocke läutet (den Arbeitsplatz zu einer festen Zeit verlassen). Die Finanzmärkte gleichen in keiner Weise einer typischen Büroarbeit. Die Funktionsweise der Finanzmärkte und die Bestandteile, die solche Märkte ausmachen, wie Aktien, Rohstoffe, Währungen und Indizes, werden von einer Vielzahl von Faktoren beeinflusst. Alle sind Day-Trading-Instrumente, und ihre Preise werden von verschiedenen unternehmens-, politischen und finanziellen Ereignissen beeinflusst. In der Welt der Finanzen und des Geschäfts gibt es einen Begriff, der oft verwendet wird. Der Begriff für dieses Phänomen lautet "Marktvolatilität". Dieser Begriff bezieht sich auf das unvorhersehbare Verhalten, das an den Finanzmärkten beobachtet werden kann. Im Bereich des Handels können Schwankungen in Sekundenschnelle auftreten, im Gegensatz zu den meisten Bürojobs, die von 9 bis 5 Uhr dauern und nur wenige "Schwankungen" oder schnelle Bewegungen aufweisen. Diese Volatilität kann bei Neulingen im Handel Übelkeit verursachen. Diese wilden Schwankungen am Aktienmarkt können nur gemeistert werden, wenn man zuerst ein umfassendes Verständnis darüber hat, wie Märkte funktionieren, und dann weiß, wie man handelt, unter Berücksichtigung der inhärenten Volatilität. Wenn Sie mit dem Day-Trading beginnen, ist es wichtig zu bedenken, dass Sie Ihr Geld einem Risiko aussetzen werden. Ihr Ziel sollte sein, so viele Daten wie möglich zu sammeln, da dies Ihre Chancen auf Erfolg verbessert und das damit verbundene Risiko verringert.

Kapitel Eins

Die Feinheiten des Day-Trading

Denken Sie immer daran, die erste Regel des Day-Tradings zu beachten: Lassen Sie niemals eine Position über Nacht offen, auch wenn dies dazu führt, dass Sie Geld verlieren. Aber warum müssen Sie sich auch dann an diese Regel halten, wenn dies dazu führt, dass Sie Geld am Markt verlieren? Ist es nicht so, dass das Verdienen von Geld das Hauptziel des Day-Tradings ist? Day-Trading wird mit der Absicht durchgeführt, Gewinn zu erzielen, das ist korrekt. Das Halten volatiler Aktien über Nacht könnte Sie jedoch in Gefahr bringen, am nächsten Handelstag noch größere Verluste zu erleiden, obwohl das Day-Trading der Zeitpunkt ist, in dem volatile Aktien wirklich glänzen. Es ist ratsam, kleinere Verluste bei Day-Trades in Kauf zu nehmen, anstatt größere, wenn man versucht, Day-Trading-Positionen über Nacht zu halten, in der Erwartung einer signifikanten Kurssteigerung am nächsten Handelstag. Auch wenn Sie beim Day-Trading Verluste erleiden, können Sie diese Verluste möglicherweise minimieren, indem Sie Ihre Positionen vor Handelsschluss des Tages schließen. Es ist von größter Bedeutung, Positionen mit einem Gewinn verlassen zu können. Denken Sie nicht, dass das Warten bis morgen Ihnen ermöglichen wird, mehr Geld zu verdienen, oder? Es ist wahr, dass es besser ist, zwei Vögel in der Hand zu haben als drei im Busch. Es ist auch wichtig zu beachten, dass Handel und Investition überhaupt nicht dasselbe sind. Obwohl Handel als Investition betrachtet werden kann, handelt es sich bei der traditionellen Investition eher um einen entspannten, kaufen-und-halten-Ansatz, der über viele Monate oder sogar Jahre Renditen abwirft. Handel erfordert deutlich weniger Zeit als andere Formen der Investition, wobei Day-Trading höchstens einige Stunden und Swing-Trading höchstens einige Monate dauert.

Die Long- und Short-Positionen stellen jeweils eine eigene Technik dar. Wenn Sie eine Finanzsicherheit erwerben, verpflichten Sie sich, sie für eine beträchtliche Zeit zu halten. Wenn ein Trader sagt, dass er "long" 100 Aktien von Intel-Aktien ist, bedeutet das, dass der Trader diese Menge an Intel-Aktien gekauft hat und sie derzeit hält. Eine Long-Position in einer Finanzsicherheit wird mit der Absicht eingegangen, die Vermögenswerte zu einem späteren Zeitpunkt zu einem besseren Preis zu verkaufen. Sie müssen die von Ihnen gehaltenen Wertpapiere verkaufen, um eine Long-Position zu schließen. Wenn Sie ein Wertpapier verkaufen, es aber nicht besitzen, nehmen Sie eine Short-Position in diesem Wertpapier ein. Wenn ein Trader sagt, dass er 100 Aktien von Intel-Aktien "short" verkauft hat, bedeutet dies, dass er die Aktien verkauft hat, in der Hoffnung, dass der Preis weiter fallen wird, was es ihm ermöglichen wird, die Aktien zu einem günstigeren Preis zurückzukaufen. Es handelt sich um dasselbe Konzept wie beim Kauf billig und Verkaufen teuer, mit der Ausnahme, dass "teuer verkaufen" später im Prozess erfolgt. Wie wollen Sie etwas verkaufen, das Sie nicht haben, und warum sollten Sie das überhaupt tun wollen? Zuerst einmal gehen wir durch die Gründe, warum Sie das wirklich tun müssen. Die Lösung für dieses Problem ist nicht kompliziert: Nutzen Sie einfach fallende Aktienkurse aus. Der typische Handelsansatz, Vermögenswerte zu niedrigeren Preisen zu kaufen und sie zu höheren Preisen zu verkaufen, der zuvor erklärt wurde, kann als das Gegenteil von dem betrachtet werden, was hier gesagt wird. Wenn Sie Vermögenswerte zu hohen Preisen verkaufen und sie dann zu einem späteren Zeitpunkt zu niedrigeren Preisen zurückkaufen, haben Sie die Möglichkeit, Geld zu verdienen, auch wenn der Markt in einer Flaute ist. Wie gehen Sie also vor? Sie können möglicherweise Aktien von Ihrem Broker leihen, diese Wertpapiere verkaufen, sie kaufen, wenn ihre Preise fallen, und dann die von Ihrem Broker geliehenen Vermögenswerte zurückgeben. Das hängt von Ihrem Broker und Ihrer Qualifikation ab. Auf diese Weise verdienen Sie Geld mit dem Short Sale. Denken Sie jedoch daran, dass Leerverkäufe, ebenso wie Long-Positionen, einige Risiken mit sich bringen, darunter die Möglichkeit, dass die Preise statt zu fallen, steigen. Unter diesen Umständen besteht das Risiko von

Handelsverlusten. Sie mögen sich vielleicht fragen, warum Brokerfirmen oder Börsen Aktien an einzelne Anleger verleihen würden, um sie zum Zweck des Leerverkaufs zu verkaufen, anstatt die Aktien selbst zu verkaufen. Das ist ein sehr guter Punkt. Die meisten Broker haben tatsächlich Interesse daran, langfristige Investitionen in verschiedene Arten von Wertpapieren zu tätigen. Warum? Warum sollten sie das Risiko kurzfristiger Transaktionen in einem fallenden Markt eingehen, wenn sie Geld verdienen können, indem sie es einfach an Kunden verleihen, die leerverkaufen wollen, und dafür eine Gebühr erheben? Auf diese Weise gibt es für alle Vorteile. Selbst wenn die Märkte schlecht abschneiden, können langfristige Investoren immer noch Gewinne aus ihren Beständen erzielen, indem sie leerverkaufen oder Aktien ausleihen.

Vergleichen Sie Einzelhändler mit institutionellen Händlern. Egal, ob sie in Teilzeit oder Vollzeit arbeiten, Einzelhändler sind nicht bei einem Unternehmen angestellt und verwalten in keiner Weise das Geld anderer Personen. Diese Händler sind für einen relativ geringen Anteil am Gesamthandelsvolumen verantwortlich. Auf der anderen Seite sind Hedgefonds, Investmentfonds und Investmentbanken Beispiele für institutionelle Händler. Diese Arten von Händlern beteiligen sich am Hochfrequenzhandel und nutzen fortschrittliche technologische Werkzeuge. Das aktuelle Maß an menschlichem Engagement in den Geschäftsabläufen von Investmentfirmen ist ziemlich gering. Institutionelle Investoren können äußerst aggressiv sein, wenn sie von sachkundigen Analysten und großen Geldsummen unterstützt werden. Sie fragen sich vielleicht, wie jemand, der so neu im Spiel ist wie Sie, auf dieser Ebene überhaupt mit den größten Spielern konkurrieren kann. Eine unserer Stärken besteht darin, dass wir in unseren Operationen einen hohen Grad an Autonomie und Anpassungsfähigkeit haben. Aufgrund der Regulierung sind institutionelle Händler verpflichtet zu handeln. Individuelle Händler hingegen haben die volle Entscheidungsfreiheit, ob sie am Markt teilnehmen, während er in einem instabilen Zustand ist. Unabhängig davon, was der

Aktienkurs tut, sollten institutionelle Händler im Markt engagiert bleiben und bedeutende Mengen an Aktien handeln. Es ist in Ordnung für individuelle Händler, abseits zu stehen und dann zu handeln, wenn geeignete Marktchancen entstehen. Bedauerlicherweise haben die meisten Einzelhändler nicht die Informationen, um festzustellen, wann es optimal ist zu handeln und wann es optimal ist zu warten. Wenn Sie im Day-Trading erfolgreich sein möchten, müssen Sie lernen, Ihre Emotionen unter Kontrolle zu halten und Ihre Geduld zu entwickeln. Im Day-Trading ist die größte Hürde für diejenigen, die nicht erfolgreich sind, nicht die Größe ihrer Handelskonten oder das Fehlen relevanter Ausrüstung; vielmehr ist es ein Mangel an Disziplin. Die Mehrheit der

Menschen hat Schwierigkeiten mit ihrer Finanzverwaltung und betreibt übermäßiges Trading. Die Bezeichnung "Guerilla-Technik" bezieht sich auf eine unkonventionelle Handelsstrategie, die von Guerillakriegsführung inspiriert ist. Diese Methode war für einige Einzelhändler erfolgreich, und ihr Name stammt vom Begriff "Guerillakriegsführung". Guerillakrieger sind erfahren im Einsatz von Hit-and-Run-Taktiken wie Überfällen, Sabotage und Hinterhalten, um einen sichtbareren und weniger beweglichen konventionellen Gegner auszunutzen. Diese Taktiken umfassen Überfälle, Raids und Sabotage. Es ist wichtig, dass Sie nicht aus den Augen verlieren, dass Ihr Ziel nicht darin besteht, mit institutionellen Händlern zu konkurrieren. Stattdessen sollten

Sie sich darauf konzentrieren, auf die günstigste Gelegenheit zu warten, das Geld zu verdienen, das Sie möchten. Wenn Sie ein Einzelhändler sind, haben Sie das Potenzial, von volatilen Märkten zu profitieren. Wenn die Märkte weiterhin relativ stabil sind, kann es schwierig sein, Gewinne zu erzielen. Das Wissen, die Erfahrung und die finanziellen Ressourcen, die unter solchen Bedingungen erforderlich sind, werden nur von institutionellen Händlern gehalten. Sie müssen sich darüber informieren, wie Sie Aktien auswählen können, um schnelle Entscheidungen darüber zu treffen, ob Sie regelmäßig Short oder Long gehen sollen. Hochfrequenzhandel wird andererseits von institutionellen Händlern verwendet, und diese Art des Handels ermöglicht es ihnen, von selbst sehr kleinen Kursbewegungen zu profitieren.

Alpha Auf der anderen Seite suchen Einzelhändler nach Verbrechern, um es einfach auszudrücken. Diese Aktien fallen oft, wenn die Märkte gut abschneiden, aber sie neigen dazu, gut zu performen, wenn die Märkte schlecht abschneiden. Es ist oft sicher, vorzugehen, wenn der Markt als Ganzes und einzelne Aktien in die gleiche Richtung gehen. Stellen Sie einfach sicher, dass die von Ihnen gehandelten Aktien aus Gründen bewegt werden, die nicht durch die Marktumstände verursacht werden.

Es besteht eine gute Chance, dass Sie sich fragen, welche Art von Auslösern Aktien benötigen, um für den Daytrading geeignet zu sein.

Ein Beispiel für einen Auslöser könnte die Ausgabe von Schulden sein:

Rückkäufe

Es ist nicht ungewöhnlich, dass Aktien in viele Hälften aufgeteilt werden.

Managementänderungen sind häufig.

Entlassungen.

Umstrukturierung

Bedeutende Gewinne und Verluste im Hinblick auf Verträge.

Partnerschaften/Allianzen.

Große Produktdebüts.

Konsolidierungen durch Fusionen und/oder Übernahmen

Die FDA wird entweder ihre Genehmigung

oder ihre Ablehnung erteilen.

Unerwartet hohe Gewinne.

Erträge.

Einzelhändler, die an Umkehrtrades teilnehmen, wählen oft Aktien aus, die aufgrund ungünstiger Nachrichten über das Unternehmen niedriger gehandelt werden. Dies liegt daran, dass Einzelhändler glauben, dass Umkehrtrades wahrscheinlicher profitabel sind. Bei einem plötzlichen Rückgang des Aktienkurses aufgrund negativer Nachrichten werden viele Trader auf die Situation aufmerksam und beginnen, das Unternehmen zu überwachen, um nach dem zu suchen, was als Bodenumkehr bezeichnet wird.

Wie können Sie feststellen, welche Aktien bei

25

individuellen Anlegern, die sie kaufen möchten, beliebt sind? Es gibt einige Strategien, die in der Vergangenheit erfolgreich angewendet wurden.

Scanner für das Daytrading von Aktien sind eine wunderbare Möglichkeit, um loszulegen. Einzelhändler interessieren sich für Aktien, die erhebliche Kursbewegungen in die positive oder negative Richtung hatten.

Der zweite Schritt besteht darin, nach Social-Media-Gruppen und Online-Communitys zu suchen, die mit dem Einzelhandel verbunden sind. Sowohl Twitter als auch Stock Twits sind wunderbare Werkzeuge, um über Neuigkeiten und andere aktuelle Ereignisse auf dem Laufenden zu bleiben. Wenn Sie erfolgreichen

Händlern regelmäßig folgen, können Sie von den von ihnen verwendeten Strategien lernen.

Es gibt viele positive Aspekte, die mit der Mitgliedschaft in einer Daytrading-Organisation einhergehen.

Das Thema der Diskussion sind jetzt Wertpapiere.

Viele Investoren, Händler und Analysten konzentrieren ihre Aufmerksamkeit auf Veränderungen in Marktindizes oder Bewegungen aus einem bestimmten Grund. Sie tun dies, weil sie sich bewusst sind, dass die meisten Finanzanlagen, es sei denn, es gibt einen überzeugenden Grund dagegen, dem allgemeinen Trend der Märkte, in denen sie gehandelt werden, folgen werden.

Beispielsweise werden die meisten NYSE-Aktien im Preis steigen, wenn der Dow Jones Industrial Average dies tut, und umgekehrt.

Auf der anderen Seite wird es immer Ausreißer geben, die aus irgendeinem Grund vom allgemeinen Trend abweichen, um ein bestimmtes Ziel zu erreichen. Trotz der Tatsache, dass ihre Gesamtmärkte schrumpfen, verzeichnen sie Wachstum. Ihre Aktienkurse fallen zu einer Zeit, in der der Gesamtaktienmarkt Anzeichen von Verbesserung zeigt.

Diese Wertpapiere werden als "in play" bezeichnet, weil sie derzeit gehandelt werden (SIP). Dies sind die Wertpapiere, auf die Sie sich am meisten konzentrieren sollten, wenn Sie ein Einzelhandels- oder individueller Daytrader sind, der im ausgewählten Daytrading-Markt tätig ist.

Wenn Sie sich für das Daytrading von Aktien interessieren, sollten Sie nach Unternehmen suchen, die in die entgegengesetzte Richtung des vorherrschenden Trends an der NYSE oder NASDAQ gehandelt werden. Wenn Futures-Kontrakte verwendet werden, befinden sie sich im direkten Wettbewerb mit der überwiegenden Mehrheit der anderen vergleichbaren Vereinbarungen.

Verstehen Sie, worauf ich hinauswill? Richtig!

Was sind einige mögliche Erklärungen für die unsinnigen Aktionen, die SIPs unternehmen? Unerwartete Ergebnisse in Bezug auf Gewinne,

Unternehmen oder die Wirtschaft sowie bedeutende Änderungen in der Politik, die von Regierungen vorgenommen wurden, um nur einige Beispiele zu nennen.

Eine Sicherheit ist nicht immer eine SIP, nur weil sie sich in die entgegengesetzte Richtung des vorherrschenden Markttrends bewegt. Es sollte eine Erklärung dafür geben, warum die konträre Bewegung stattfindet. Wenn es keine SIPs gibt, ist es sehr unwahrscheinlich, dass dies der Fall ist.

Ermitteln Sie, ob die Bewegung einer Sicherheit auf die allgemeine Marktstimmung oder auf eine bestimmte zugrunde liegende Ursache zurückzuführen ist. Dies ist ein weiteres wichtiges Kriterium, das Sie beim Daytrading im Auge behalten sollten, insbesondere bei der Auswahl von SIPs für das Daytrading.

Es muss mehr Forschung dazu betrieben werden. Als Daytrading-Neuling werden Sie feststellen, dass Sie möglicherweise etwas mehr Forschung betreiben müssen, als Sie es gewohnt sind. Wenn Sie als Daytrader ausreichend Erfahrung gesammelt haben, können Sie feststellen, ob eine bestimmte Sicherheit nur dem allgemeinen Trend des Marktes folgt oder aus einem bestimmten Grund in Bewegung gerät.

Daytrader, die dies beruflich tun, werden als "professionelle Daytrader" bezeichnet und bezeichnen sich selbst als "Daytrader". Daytrading wird manchmal als eine Art

Freizeitglücksspiel oder als Möglichkeit betrachtet, von Glücksspielen "hoch" zu werden. Wenn Sie kein Verständnis für den Markt und die Prinzipien haben, die ihn regeln, werden Sie höchstwahrscheinlich finanzielle Verluste erleiden.

Betrachten Sie sich als ausgebildeten Profi.

Wann es in Ordnung ist, vom Skript abzuweichen: Auch wenn es zu den Kennzeichen eines erfolgreichen Traders gehört, seinem Handelsplan treu zu bleiben, auch wenn Ihnen Ihre Gefühle sagen, etwas anderes zu tun, bedeutet dies nicht, dass Sie dies immer tun müssen. Ohne Zweifel wird es Situationen geben, in denen Sie sich in einer Situation befinden, in der etwas, das außerhalb

Ihrer Kontrolle liegt, Ihre Strategie absolut unwirksam macht. Sie müssen ein ausreichendes Bewusstsein für die Schwächen Ihres Plans und die sich ändernden Umstände des Marktes haben, um zu erkennen, wann das Festhalten an Ihrer vorgegebenen Handlungsweise zu Misserfolg anstelle von Erfolg führen wird. Es erfordert Anstrengung, zu erkennen, wann sich eine Situation verbessert, und wann Ihre Emotionen versuchen, die Kontrolle zu übernehmen, aber allein die Erkenntnis, dass es einen Unterschied zwischen den beiden gibt, ist bereits ein bedeutender Schritt nach vorne.

Trades, die außerhalb des Geldes ausgeführt werden, sollten um jeden Preis vermieden werden.

Es ist zwar richtig, dass es bestimmte Techniken
gibt, die einen hohen Stellenwert auf den Kauf
von Optionen legen, die derzeit außerhalb des
Geldes liegen; diese Strategien sind jedoch die
Ausnahme und nicht die Regel, wenn es um den
Handel mit Optionen geht. Beim Handel mit
Optionen auf zugrunde liegende Aktien ist es
wichtig zu bedenken, dass der Optionsmarkt
anders ist als der reguläre Aktienmarkt. Da der
Optionsmarkt nicht mit dem Aktienmarkt
identisch ist, ist es keine praktikable Strategie,
billig zu kaufen und teuer zu verkaufen. Wenn
ein Call aus dem Geld gegangen ist, besteht in
der Regel eine geringere als 10-prozentige
Chance, dass er vor dem Verfallsdatum auf
akzeptable Niveaus zurückkehrt. Dies deutet
darauf hin, dass der Kauf dieser Art von

Optionen wenig mehr als Glücksspiel ist, und es gibt andere Möglichkeiten zu wetten, bei denen die Chancen erheblich höher sind als 10 Prozent.

Denken Sie an Ihre erste Taktik, lassen Sie sich jedoch nicht zu sehr daran binden: Dies bedeutet jedoch nicht, dass dies die einzige Technik ist, die Sie jemals benötigen werden. Ihre Haupthandelsstrategie muss flexibel genug sein, um sich zu ändern und anzupassen, wenn sich die Bedingungen um Ihre Handelsgewohnheiten ändern und entwickeln. Darüber hinaus möchten Sie irgendwann ergänzende Pläne entwickeln, die speziell auf bestimmte Marktbedingungen oder spezielle Strategien zugeschnitten sind, die nur in einer begrenzten Anzahl von Szenarien anwendbar sind, die außerhalb Ihrer Hauptstrategie liegen. Diese Pläne werden schließlich notwendig sein. Bedenken Sie, dass Ihr Gesamtgewinnniveau viel höher sein wird, wenn Sie jeden Handelstag besser vorbereitet beginnen als am Vortag.

Nutzen Sie den Margin zu Ihrem Vorteil. Wenn Sie nicht vollständig gegen das Eingehen von Risiken sind, ist die effektivste Strategie, um von unerwartet vorteilhaften Deals zu profitieren, die Verwendung eines Spreads, der Ihre bestehenden Vermögenswerte schützt und Ihnen dennoch ermöglicht, Gewinne zu erzielen. Um einen Long Spread zu verwenden, müssen Sie zunächst zwei Optionen erstellen: einen Call und einen Put, die beide denselben Basiswert, das Verfallsdatum und die Stückzahl haben müssen, jedoch auffällige Preise haben müssen, die erheblich voneinander abweichen. Der Call erfordert einen höheren Ausübungspreis, um die Obergrenze Ihrer Gewinne zu repräsentieren, während der Put einen niedrigeren Ausübungspreis benötigt, um die Untergrenze Ihrer Verluste zu repräsentieren. Beide Preise werden als "Ausübungspreis" bezeichnet. Da das schrittweise Vorgehen andere Komponenten in die Formel einführen könnte, die schwer zu kompensieren sind, ist es unerlässlich, beide Seiten eines Spreads gleichzeitig zu erwerben. Nehmen Sie niemals eine Handlung vor, ohne zuerst festzustellen, wie der Markt die Situation einschätzt: Bevor Sie mit den Transaktionen des Tages beginnen, ist es wichtig, eine Bewertung der Stimmung des Marktes vorzunehmen, auch wenn es immer ideal ist, eine Handelsstrategie

37

zu verwenden, die speziell auf die eigenen Bedürfnisse zugeschnitten ist. Zunächst ist es wichtig zu bedenken, dass der allgemeine Wunsch aller gegenwärtigen Marktteilnehmer genauso einflussreich ist wie alles Spezifischere, wie z. B. Marktnachrichten. Behalten Sie dies jederzeit im Kopf. Es ist möglich, dass die Preise für verbundene Dienstleistungen fallen, selbst wenn Unternehmen mehreren Medienkanälen positive Nachrichten teilen und diese Nachrichten dann weniger positiv sind, als alle erwartet hatten. Kennen Sie die durchschnittlichen täglichen Werte, die für Ihren Markt typisch sind, und achten Sie darauf, ob es einen plötzlichen Rückgang dieser Zahlen gibt, wenn Sie ein klares Bild davon haben möchten, wie der Markt gerade agiert. Dies hilft Ihnen festzustellen, ob der Markt in die richtige Richtung geht oder nicht. Auch wenn ein oder zwei Tage extremer Volatilität zu erwarten sind, sollte alles, was darüber hinausgeht, als Warnzeichen dienen, dass etwas nicht stimmt. Darüber hinaus müssen Sie sicherstellen, dass Sie ständig darüber informiert sind, was die Top-Unternehmen in Ihrer Branche tun. Bevor Sie mit dem Handel beginnen, ist es unerlässlich, eine gut definierte Ein- und Ausstiegsstrategie zu haben, auch wenn das damit verbundene Risiko sehr gering ist. Das Finden Ihres ersten Satzes von Ein- und Ausstiegspunkten ohne die Hilfe eines Fachmanns kann zwar herausfordernd sein, ist aber unerlässlich, bevor Sie mit dem Handel beginnen. Wenn Sie das Spiel ohne vollständiges Verständnis der Regeln und des Spielfelds beginnen, besteht eine sehr gute Chance, dass Sie Ihr gesamtes Geld verlieren. Wenn Sie nicht sicher sind, welche Einschränkungen festgelegt werden sollen, beginnen Sie mit einem Paar Punkten, die nichts Bestimmtes betreffen, und arbeiten Sie sich von dort aus nach unten. Die Festlegung von Ein- und Ausstiegspunkten ist wichtig, aber ihre tatsächliche Anwendung ist von weit höherer Bedeutung, insbesondere wenn noch Geld zu verdienen ist. Eine der größten Herausforderungen für unerfahrene Options-Trader besteht darin, zu glauben, dass jede großartige Transaktion so weit wie möglich ausgeschöpft werden muss. Da die Wahrheit jedoch darin besteht, dass es immer mehr profitable Transaktionen in der Zukunft geben wird, solange Sie eine rentable Handelsstrategie haben, sollten Sie sich mehr darauf konzentrieren, den Gewinn zu schützen, den der Handel bereits generiert hat, anstatt sich um einen geringfügigen zusätzlichen Gewinn zu sorgen. Dies liegt daran, dass die Wahrheit darin besteht, dass es immer mehr profitable Transaktionen in der Zukunft geben wird, solange Sie eine rentable Handelsstrategie haben. Sie können vielleicht ab und zu mehr Geld verdienen, wenn Sie diesen Ratschlag ignorieren, aber die Chancen stehen gut, dass Sie weit mehr verlieren als gewinnen, wenn die Gewinne in die Höhe schießen und dann fallen, bevor Sie den Auslöser angemessen betätigen können. Wenn es Ihnen schwerfällt, diese Idee zu verstehen, überlegen Sie Folgendes: Der

Handel mit Optionen ähnelt eher einem Marathon als einem Sprint. Daher werden geduldige und konsistente Trader immer die Nase vorn haben. Geben Sie sich niemals eine weitere Chance zum Erfolg. Viele neue Options-Trader finden sich in der Situation wieder, dass der beste Weg, einen erheblichen Verlust wieder gut zu machen, darin besteht, auf den zugrunde liegenden Bestand zu setzen, wenn er zu seinem letzten, erheblich niedrigeren Preis notiert ist, in der Hoffnung, einen Gewinn zu erzielen in der Annahme, dass sich die Dinge drehen werden, und dann weiterhin so zu handeln, bis alles wieder vollständig profitabel ist. Dies ist der beste Weg, um einen erheblichen Verlust wieder gut zu machen, da es dem Trader die Möglichkeit gibt, einen Gewinn zu erzielen, in der Annahme, dass sich die Dinge drehen werden. Obwohl es schwer sein kann, einen zuvor äußerst profitablen Basiswert aufzugeben, ist das Verdoppeln fast nie eine kluge Wahl und sollte um jeden Preis vermieden werden. Ob Sie sich in einer Situation befinden, in der Sie unklar sind, ob die Transaktion, die Sie gleich tätigen werden, eine gute sein wird oder nicht, fragen Sie sich, ob Sie dieselbe Entscheidung treffen würden, wenn Sie blind wären. Wenn die Antwort Ja lautet, sollten Sie mit der Transaktion fortfahren. Sie sollten in der Lage sein, alles, was Sie wissen müssen, aus der Antwort zu lernen. Wenn Sie sich in einer Situation befinden, in der das Verdoppeln die beste Alternative zu sein scheint, müssen Sie den Mut haben, sich selbst von der Kante zu holen und Ihre Verluste so weit wie möglich unter den bestehenden Umständen zu reduzieren. Wenn Sie Ihre Verluste so schnell wie möglich schneiden und sich von einem Handel zurückziehen können, der gegen Sie gelaufen ist, können Sie Ihre Anstrengungen und Ressourcen möglicherweise auf einen anderen Deal richten, der immer noch das Potenzial hat, für Sie profitabel zu sein. Nehmen Sie nichts zu ernst. Als Menschen haben wir einen angeborenen Drang, Verbindungen zu unbelebten Dingen wie einzelnen Aktien und Währungspaaren aufzubauen, indem wir Geschichten über sie erzählen. Diese Tendenz erstreckt sich auf alle Arten von unbelebten Dingen. Aus diesem Grund ist es völlig normal, zu bestimmten Transaktionen eine stärkere Verbindung aufzubauen und sogar darüber nachzudenken, Ihre Strategie aufzugeben, wenn eine davon abfällt. Dies ist einer der Gründe, warum es völlig normal ist, zu bestimmten Transaktionen eine größere Verbindung aufzubauen. Denken und Handeln sind jedoch zwei völlig verschiedene Dinge. Daher ist es so wichtig, sich dieser Neigungen bewusst zu sein, um sie um jeden Preis zu vermeiden. Denken und Handeln sind zwei völlig verschiedene Dinge. Dies ist ein häufiges Ereignis, und das Ergebnis ist jedes Mal dasselbe, unabhängig von der Richtung, in die sich die Transaktionen bewegen, ob sie nach oben oder nach unten gehen. Wenn ein Unternehmen erfolgreich ist und keine Anzeichen dafür zeigt, dass es nachlässt, könnten Sie versucht sein, eine

45

Transaktion viel länger offen zu lassen, als Sie normalerweise in Betracht gezogen hätten. Das könnte ein Fehler sein. In solchen Situationen ist es besser, die Hälfte Ihrer Aktien zu verkaufen und dann ein neues Ziel auf der Grundlage der aktuellsten Fakten festzulegen, um sicherzustellen, dass Sie Ihr Stück vom Kuchen haben und es trotzdem essen können. Sie nehmen die mit Ihren Brokern getroffenen Entscheidungen nicht ernst. Da es so viele Faktoren zu berücksichtigen gibt, ist es leicht zu verstehen, warum viele Anfänger-Options-Trader einfach den ersten Broker wählen, den sie finden, und sofort mit dem Handel beginnen. Der Broker, den Sie wählen, wird jedoch einen erheblichen Einfluss auf Ihre gesamte Handelserfahrung haben. Daher ist die richtige

Wahl entscheidend, wenn Sie die bestmögliche Erfahrung haben möchten. Dies bedeutet, dass Sie zuerst unter die Oberfläche ihrer attraktiv gestalteten Website gehen sollten, um mehr über die von ihnen angebotenen Dienstleistungen und Produkte zu erfahren. Beachten Sie, dass es zwar einfach ist, eine optisch ansprechende Website zu erstellen, es jedoch viel schwieriger ist, sie mit authentischem Material zu füllen, wenn Sie die Absicht haben, etwas Schädliches zu tun. Dies erfordert in erster Linie eine Untersuchung der bisherigen Leistung des Unternehmens im Bereich des Kundenservice, um sicherzustellen, dass sie nicht nur ihre Kunden angemessen behandeln, sondern auch die Qualität des von ihnen erbrachten Service ausreichend ist. Wenn Sie sich mitten in einer Verhandlung befinden, zählt jede Sekunde, daher sollten Sie, wenn Sie Unterstützung von Ihrem Broker benötigen, zuversichtlich sein, dass Sie mit jemandem sprechen, der Ihr Problem so schnell wie möglich lösen kann. Einfach bei ihnen anzurufen und zu messen, wie lange es dauert, bis sie ans Telefon gehen, ist die zuverlässigste Methode, um die Qualität ihres Kundenservice zu bestimmen. Wenn Sie länger als einen Arbeitstag warten müssen, sollten Sie darüber nachdenken, woanders hinzugehen, denn wenn sie nicht daran interessiert sind, einen neuen Kunden zu gewinnen, stellen Sie sich vor, wie schlecht der Service sein wird, nachdem sie Sie dort haben, wo sie Sie haben wollen. Nachdem Sie sich darum gekümmert haben, müssen Sie als nächstes über die Kosten nachdenken, die der

Broker für seine Dienstleistungen in Rechnung stellt, im Austausch gegen diese Gebühren. Aufgrund der Tatsache, dass es im Wesentlichen keine Kontrolle über diese Preise gibt, wird sich ein Vergleich fast sicher auszahlen. Neben Gebühren sollten auch Mindestkonten und alle anderen Kosten, die mit der Auszahlung von Geld aus dem Konto verbunden sind, berücksichtigt werden.

Finde einen Lehrer, der dich anleitet. Wenn es darum geht, von einem Gelegenheitshändler, der gelegentlich auf dem Markt agiert, zu einem profitablen Trader zu werden, gibt es nur so viel, was man alleine lernen kann, bevor man die Hilfe einer dritten Person benötigt, die eine objektive Perspektive bieten kann, um sicherzustellen, dass man den richtigen Weg geht. Es ist möglich, dass Sie diese Person im wirklichen Leben kennen oder dass Sie sich über das Internet mit ihr verbunden haben. Der Schlüssel besteht darin, eine andere Person oder zwei zu finden, mit denen Sie Ideen austauschen und von den Erfahrungen anderer profitieren können. Der Handel mit Optionen muss keine Einzelunternehmung sein; nutzen Sie alle verfügbaren Werkzeuge.

Kapitel Zwei

Die Dinge, die Sie wissen müssen

Haben Sie jemals darüber nachgedacht, Ihre Hände im Daytrading einzusetzen? Sie sollten diesem Thema wirklich viel aufmerksame

Aufmerksamkeit schenken. Wenn Sie unsicher sind, ob Sie wirklich einer Karriere als Daytrader verschrieben sind, wird empfohlen, dass Sie sich die Fragen stellen, die im vorherigen Abschnitt gestellt wurden. Sie müssen sich darüber im Klaren sein, dass Sie lange Stunden arbeiten werden und dass Ihnen keine Zeit für Feiertage oder Urlaub gewährt wird, da Sie Ihr eigener Arbeitgeber sind und für sich selbst arbeiten. Dies ist etwas, auf das Sie vorbereitet sein müssen, weil Sie für sich selbst arbeiten. Sie müssen auch sicherstellen, dass Sie nicht die Art von Person sind, die leicht emotional angeregt wird. Das geht Hand in Hand mit dem vorherigen Punkt. Sie können ziemlich sicher davon ausgehen, dass Sie zu irgendeinem Zeitpunkt während Ihrer

Arbeitszeit einen finanziellen Fehler im Zusammenhang mit einer Investition an der Börse machen und aufgrund dessen Geld verlieren werden. Dies kann jederzeit passieren. Es gibt keinen Weg daran vorbei, diesen Bedarf zu erfüllen, da dies das Design des Spiels unmöglich macht zu vermeiden. Andererseits, wenn Sie eine sentimentale Person sind, die einen großen finanziellen Verlust erleidet und dann traurig wird, können Sie versichert sein, dass Sie in den Tagen und Wochen danach einige schlechte Entscheidungen treffen werden. Dies liegt daran, dass Sie emotional aufgewühlt sein werden. In einem ähnlichen Sinne wird es Zeiten geben, in denen Sie im Besitz einer großen Menge Geld kommen, und es ist nur natürlich, dass Sie sich freuen und den

Wunsch haben, mehr Investitionen zu tätigen
und mehr zu produzieren. Dies liegt daran, dass
es nur natürlich ist, dass Sie sich freuen, wenn
Sie im Besitz einer großen Menge Geld sind.
Der Begriff "Gier" bezieht sich auf diese Art
von Verhalten, das erheblich nachteilige
Auswirkungen auf das Leben haben kann. Sie
müssen in der Lage sein, Ruhe und
Gelassenheit in schwierigen Situationen zu
bewahren, wenn Sie erfolgreich als Daytrader
sein möchten. Sie müssen auch in der Lage
sein, Emotionen aus dem Entscheidungsprozess
herauszuhalten, sich an Ihre Handelsstrategie zu
halten und auf dem Boden zu bleiben. Wenn Sie
nicht diese Art von Person sind oder wenn Sie
es nicht schaffen, diese Denkweise in sich selbst
zu etablieren, ist Daytrading im Allgemeinen

nichts, woran Sie sich beteiligen sollten. Bekommen Sie ein Griff auf Ihre aktuelle finanzielle Lage Bevor Sie überhaupt daran denken können, in die Welt des Daytrading einzusteigen, müssen Sie Ihre aktuelle finanzielle Situation im Griff haben. Das Handeln während des Tages ist nichts, woran Sie denken sollten, wenn Sie unbezahlte Rechnungen oder andere finanzielle Verpflichtungen haben, die beglichen werden müssen, bevor Sie mit dem Handel beginnen. Wenn die Rendite auf Ihre Vermögenswerte nur 5 Prozent beträgt, sind Sie finanziell im Minus, wenn Sie einen Kredit oder eine Kreditkarte mit einem Zinssatz von 20 Prozent haben, unabhängig davon, ob der Zinssatz variabel oder fest ist. Stattdessen sollten Sie sicherstellen, dass Sie alle Ihre finanziellen Verpflichtungen erfüllt haben, bevor Sie Ihre Mittel organisieren. Dies sollte geschehen, bevor Sie Pläne für Ihr Geld machen. Wenn Sie mit dem Investieren beginnen, werden Sie feststellen, dass dies nicht nur dazu beiträgt, Ihr Einkommen zu steigern, sondern auch die Menge an Zinsen reduziert, die Sie auf Ihre Kreditkartenrechnungen und andere Arten von Schulden zahlen müssen. Dies werden Sie bemerken, sobald Sie Ihre erste Investition getätigt haben. Wenn Sie einen Punkt erreicht haben, an dem Ihr Geschäft Gewinne generiert, ist es an der Zeit, über andere Methoden nachzudenken, mit denen Sie mehr Geld bekommen können. Dies ist die anfängliche Geldmenge, die Sie in eine Investition stecken

werden, die Sie beschlossen haben zu machen.
Es liegt ganz bei Ihnen, eine Antwort auf diese
Frage zu finden, da sie eine vielfältige Auswahl
an potenziellen Antworten hat. Sie können mit
einer kleinen Investition von zum Beispiel
5.000 Dollar beginnen und schließlich den Weg
zum Daytrading als Vollzeitarbeit einschlagen.
Im Laufe der Zeit und mit steigendem
Einkommen könnten Sie anfangen, die Idee zu
unterhalten, das Trading zu Ihrer Vollzeitarbeit
zu machen. Auf der anderen Seite könnten Sie
versucht sein, eine große Geldmenge zu sparen,
um Ihre Arbeit zu verlassen und sofort mit dem
Investieren zu beginnen. Es wird jedoch nicht
empfohlen, dies zu tun, da Ihnen keine frühere
Erfahrung im Bereich des Investierens zur
Verfügung steht. Es ist am besten, mit einer

bescheidenen Geldsumme zu handeln, um die Seile zu lernen, und dann Ihre Investition allmählich zu erweitern, während Sie Erfahrung im Handel sammeln. Dies gilt auch dann, wenn Ihnen eine erhebliche Summe Geld zur Verfügung steht, jedoch ist es am besten, mit einer bescheidenen Geldsumme zu handeln. Wenn Sie auf Vollzeitarbeit traden möchten, empfiehlt Van Tharp, der weithin als einer der besten Daytrader der Welt gilt und Autor des Buches "Trade Your Way to Financial Freedom" ist, dass Sie etwa hunderttausend Dollar zur Verfügung haben sollten, um mit dem Trading zu beginnen. Wenn Sie beim Daytrading erfolgreich sein wollen, müssen Sie sicherstellen, dass Sie immer ein Handelskontostand haben, der nahe an zehntausend Dollar liegt. Der letzte vernünftige

finanzielle Ratschlag besteht darin, etwas Geld

für einen Notfallfonds beiseite zu legen, um

unerwartete Kosten zu decken. Dies erfordert

das Eröffnen eines Sparkontos, das Einzahlen

einer Summe auf das Konto, die drei Monate

lang den Lebensunterhalt entspricht, und dann

nichts mehr mit dem Geld zu tun. Das bedeutet,

dass Sie beim Handeln immer über dieses Geld

als Sicherheitsnetz verfügen werden, falls Sie

sich in einer finanziell herausfordernden

Situation befinden sollten. Sie müssen jedoch

im Kopf behalten, dass dieses Konto nicht dazu

bestimmt ist, beim Handeln oder Investieren in

irgendeiner Weise verwendet zu werden. Das ist

sehr wichtig. Sie wollen nicht in die Situation

geraten, dass Ihnen kein Geld mehr übrig bleibt,

wenn Sie eine ernsthafte Pechsträhne haben und Geld brauchen, um sich selbst und Ihre Familie zu versorgen. Das ist das schlimmste Szenario. Weil Sie ein finanzielles Desaster um jeden Preis vermeiden möchten, sollten Sie etwas tun, um so gut vorbereitet zu sein, wie es für Sie möglich ist. Machen Sie sich mit allem vertraut, was Sie wissen müssen, bevor Sie anfangen, mit Aktien auf dem Aktienmarkt zu handeln. Wenn Sie ein Daytrader werden möchten, müssen Sie eine starke Leidenschaft oder Begeisterung für die Börse haben oder zumindest den Wunsch, mehr darüber zu erfahren. Wenn Sie keines dieser Dinge haben, werden Sie nicht erfolgreich sein. Das ist etwas, das nicht explizit ausgesprochen werden sollte, aber es ist wichtig, sich daran zu erinnern. Um an der

Börse erfolgreich zu sein, müssen Sie Kenntnisse darüber haben, wann der Markt für den Handel geöffnet ist, sowie ein Verständnis für die Prozesse und Systeme, die den Aktienmarkt ausmachen. Sie sollten sich für die Nische oder Branche interessieren, in der Sie handeln möchten, und Sie sollten leidenschaftlich dafür sein, denn Sie müssen die Nachrichten darüber beobachten, Artikel und Bücher darüber lesen und Zeit damit verbringen, Interviews anzusehen und etwas über diese Börsenunternehmen zu erfahren, wie sie arbeiten und was sie täglich tun. Das ist der Grund, warum Sie Zeit damit verbringen sollten, Interviews anzusehen und etwas über diese Börsenunternehmen zu erfahren. Wenn Sie im Handel erfolgreich sein wollen, müssen

Sie ein starkes Interesse an dem speziellen Markt oder der Branche haben, in der Sie tätig werden möchten, sowie eine starke Begeisterung für diesen Markt oder Sektor. Sie müssen auch mit Aktien vertraut sein, sowohl in Bezug darauf, was sie sind und wie man mit ihnen handelt, als auch mit den zahlreichen anderen Handelsoptionen, die verfügbar sind, wie börsengehandelte Fonds, Optionen, Futures und Investmentfonds. Das ist notwendig, damit Sie an der Börse erfolgreich sein können. Obwohl wir jede einzelne in sehr kurzer Zeit durchgehen werden, ist es äußerst wichtig, dass Sie sich vor der Umsetzung einer Handelsstrategie oder einer Investition in eine dieser Optionen etwas Zeit nehmen, um sich mit jeder vertraut zu machen. Aktien. Wenn der

Besitz eines Unternehmens oder einer anderen Organisation in einzelne Anteile aufgeteilt wird, werden die individuellen Eigentumsanteile als "Aktien" bezeichnet. "Aktien" sind dasselbe wie "Anteile". Der Prozentsatz des Unternehmenseigentums, der durch eine einzige Aktie repräsentiert wird, kann als Bruchteil angegeben werden, wenn die Gesamtzahl der Aktien dieser Aktie mit der Gesamtzahl der Aktien verglichen wird. ETFs, die für börsengehandelte Fonds stehen, sind eine Art Investmentfonds, die an der Börse gehandelt werden. In kürzerer Form werden sie als MTFs bezeichnet. Börsengehandelter Fonds kann als "ETF" abgekürzt werden, was für den gesamten Begriff steht. Börsengehandelte Fonds, oft als ETFs bekannt, sind eine Art Finanzinstrument, das ähnlich wie Aktien funktioniert, da sie an

Börsen und Börsen auf der ganzen Welt

gehandelt werden. Börsengehandelte Fonds,

auch als ETFs bekannt, sind eine Art Index, der

aus einer Vielzahl von Vermögenswerten und

Wertpapieren besteht. Diese Vermögenswerte

und Wertpapiere umfassen Aktien sowie

spezielle Fonds und Rohstofffonds. Der Begriff

"Optionen" bezieht sich auf einen Vertrag, der

einem einzelnen Käufer das Recht gibt, ein oder

jedes zugrunde liegende Vermögen zu kaufen

oder zu verkaufen; jedoch bedeutet dies nicht,

dass der Käufer verpflichtet ist, das Vermögen

tatsächlich zu kaufen oder zu verkaufen. Der

Name für diese Art von Vertrag ist eine Option.

Andererseits werden Optionen einen Preis

angeben, der entweder vor oder am auf dem

Optionsvertrag festgelegten Datum gültig sein muss. Diese Notwendigkeit muss erfüllt sein, damit die Option als legitim betrachtet wird.

Ein Futures-Kontrakt ist eine Art Vertrag, der sich auf eine rechtliche Vereinbarung bezieht, die den Kauf und Verkauf von etwas zu einem festen Preis, zu einer bestimmten Zeit und an einem bestimmten Datum beinhaltet. Der Preis, die Zeit und das Datum der Transaktion sind ebenfalls im Vertrag festgelegt. Ein weiterer Begriff für Derivate-Kontrakte ist der gebräuchlichere Begriff "Futures-Kontrakte". Andererseits werden diese Vorsichtsmaßnahmen trotz der Tatsache, dass sie vor den betroffenen Personen verborgen bleiben, als Vorteil betrachtet. Dies wird trotz der Geheimhaltung geschehen.

Ein Investmentfonds, manchmal abgekürzt als "IF", ist eine Art Investment, das getätigt werden kann. Eine Möglichkeit, Investmentfonds zu betrachten, besteht darin, sie als Anlageportfolios zu sehen, die im Auftrag des Investors von einem professionellen Finanzdienstleister verwaltet werden. Diese Dienstleistungen haben das Ziel, Aktien, Anteile und andere Vermögenswerte, wie sie in dieser Tabelle genannt werden, durch das Zusammenlegen von Geldern zu erwerben, die von verschiedenen Personen gespendet wurden. Diese Tabelle enthält Beispiele für Aktien, Anteile und andere Vermögenswerte.

Edelmetalle & Gold (und manchmal andere Edelmetalle) sind Handelsgegenstände für das Edelmetall Gold, das in Banken auf der ganzen

Welt aufbewahrt wird. Andere Edelmetalle können ebenfalls enthalten sein. Gold ist das Edelmetall mit dem höchsten Marktwert.

E-Minis sind eine Art Futures-Kontrakt, der den Markt für den S&P 500-Aktienindex verfolgt. Diese Verträge werden elektronisch gehandelt. Der Handel mit diesen Verträgen erfolgt über das Internet. Neben diesen Bezeichnungen wird es auch oft als E-Mini, ES und einfach Mini bezeichnet.

Kryptowährungen. Dies ist ein umfassender Begriff, der sich auf den Prozess des Kaufs und Verkaufs von Kryptowährungen an verschiedenen Börsen auf der ganzen Welt bezieht. Diese Aktivität kann je nach Vorliebe einzeln oder als Teil einer Gruppentransaktion durchgeführt werden.

Die Praxis, Währungen auf globaler Ebene über den Prozess des Austauschs einer Währung gegen eine andere zu kaufen und dann auf diese Weise fortzufahren, wird als Devisenhandel oder kurz Forex bezeichnet. Diese Praxis wird auch oft als Forex bezeichnet.

Setzen Sie Ihre Fachkenntnisse in der persönlichen Haushaltsführung und finanziellen Planung hier auf die Probe. Bevor Sie überhaupt daran denken können, mit dem Handel von Aktien zu beginnen, sollten Sie darüber nachdenken, wie gut Sie in der Lage sind, Ihr eigenes Geld zu verwalten. Obwohl dies das allerletzte auf der Liste ist, ist es keineswegs das Unwichtigste. Wenn Sie sich jetzt selbst gratulieren, wie gut Sie mit Ihren Finanzen umgehen, und denken, "ja, meine Fähigkeiten im Geldmanagement sind ziemlich ausgezeichnet", sollten Sie einen Schritt zurücktreten und darüber nachdenken, wie Sie Ihre Fähigkeiten in diesem Bereich verbessern können. Denn es gibt immer Raum für Verbesserungen und wird es auch immer geben, wenn Sie ein Daytrader werden wollen.

Berücksichtigen Sie die Auswirkungen. Wie viel Geld beabsichtigen Sie am Anfang einzusetzen, wenn Sie über ein Startkapital von hunderttausend Dollar verfügen und eine bewährte Strategie mit einer Erfolgsquote von sechzig Prozent anwenden? Was passiert, wenn Sie vier Deals machen und keiner von ihnen zu Ihren Gunsten funktioniert und Sie am Ende

Geld verlieren? Wenn Sie Ihr Geld investieren würden, wo würden Sie den höchsten Return on Investment sehen?

Bei jeder Art von Handel ist es in der Regel ratsam, mit einer kleinen Investition zu beginnen und sie im Laufe der Zeit allmählich zu erhöhen. Dies gilt sowohl für den Online- als auch für den Offline-Handel. Ihre erste Transaktion sollte nicht den Erwerb einer Aktie mit einem Gesamtwert von hunderttausend Dollar und das Hoffen auf das Beste einschließen. Das ist keine kluge Vorgehensweise und sollte um jeden Preis vermieden werden. Es ist denkbar, dass es profitabel sein könnte, aber wenn Sie mit Ihrer allerersten Investition ein solches Risiko eingehen, können Sie darauf wetten, dass es Sie in Zukunft teuer zu stehen kommen wird. Es ist möglich, dass es profitabel sein könnte.

Neben Ihren Fähigkeiten im Geldmanagement sollten Sie es zur Priorität machen, Ihre Fähigkeit zu entwickeln, einen Schritt zurückzutreten und Urteile aus einer Position der Stärke zu fällen. Das ist etwas, auf das Sie sich konzentrieren sollten. Sie müssen in der Lage sein, fundierte Entscheidungen über die vielen Ihnen zur Verfügung stehenden Investitionsmöglichkeiten zu treffen, sowie darüber, wie Sie die speziell für Ihre Investitionen beiseite gelegten Gelder effektiv verwalten können. Selbst wenn die Erfolgsquote Ihrer Strategie nur dreißig Prozent beträgt, haben Sie aufgrund Ihrer Fähigkeit, mit Ihren Finanzen umzugehen, immer noch die

Möglichkeit, eine beträchtliche Summe Geld zu verdienen. Dies liegt daran, dass Sie die Möglichkeit haben, Geld zu verdienen, auch wenn Ihre Strategie 70 Prozent der Zeit versagt. Dies ist der entscheidende erste Schritt, um einen Vorteil gegenüber anderen Händlern zu haben. Weil zufällige Transaktionen nicht zeigen können, ob Sie einen Vorteil haben oder nicht, weil sie zufällig sind, werden Sie erst nach dem Ereignis wissen, dass Sie keinen Vorteil hatten. Das ist der Hauptgrund, warum Berichte oft über alle vernünftigen Proportionen hinaus übertrieben werden.

Wenn Sie im Handel erfolgreich sein wollen, sollten Ihre Verhaltensweisen zeigen, dass Sie die Bemühungen ernst nehmen und darauf abzielen, einen Gewinn zu erzielen. Falls dies nicht der Fall ist, ist es wahrscheinlich, dass Sie aus Gründen mit ihnen handeln, die Sie nicht vollständig verstehen. Sie verbinden sich aus Gründen mit ihnen, die Sie nicht vollständig verstehen. Sie werden dieses Problem angehen müssen, wenn Sie das wahre Motiv verstehen wollen, warum Menschen handeln, nämlich um Einkommen für sich selbst zu generieren. Wenn Sie nichts tun, wird Ihnen der Markt etwas anderes bieten, das Sie höchstwahrscheinlich nicht mögen werden. Wenn Sie nichts tun, wird Ihnen der Markt etwas anderes bieten.

Das Handeln potenzieller Gefahren zu steuern, wird als "Risikomanagement" bezeichnet. Weil das Ziel eines jeden erfolgreichen Händlers darin besteht, einen Gewinn zu erzielen, müssen Sie, wenn Sie ein kompetenter und erfolgreicher

Händler sein möchten, die Fähigkeiten erwerben, die notwendig sind, um die Risiken, die mit Ihrem Handel verbunden sind, effektiv zu managen und die Gewinne zu schützen. Ihr Erfolg als Händler wird in einer direkten und umgekehrten Beziehung dazu stehen, wie effektiv Sie die mit Ihrem Handel verbundenen Risiken managen können.

Machen Sie sich bereit, den Kopf gesprengt zu bekommen, denn ich werde Ideen und Taktiken für das Risikomanagement mit Ihnen teilen, die einfach zu verstehen, aber unglaublich mächtig sind. Machen Sie sich bereit, den Kopf gesprengt zu bekommen.

Entwickeln Sie einen Handelsplan für sich selbst. Es wird berichtet, dass Sun Tzu, ein chinesischer Militärstratege, einmal bemerkte: "Jede Schlacht ist gewonnen, bevor sie geschlagen wird." Dieses berühmte Zitat lässt sich dahingehend verstehen, dass sorgfältige Vorbereitung und strategisches Denken von höchster Bedeutung in der Geschäftswelt sind. Die Notwendigkeit, Dinge im Voraus vorzubereiten, ist unmöglich zu übersehen. Ein altes chinesisches Sprichwort gibt den Ratschlag: "Plane den Handel und handele nach dem Plan", was auch als "plane den Handel und handele nach dem Plan" ausgedrückt werden kann. Ihr Vorbereitungsgrad bestimmt, ob Ihr Geschäftsvorgang erfolgreich ist; ein erfahrener Händler würde niemals in einen Handel einsteigen, ohne ihn zuerst sorgfältig zu planen, einschließlich der Identifizierung möglicher zukünftiger Verluste, der Bewertung potenzieller Risiken und der Anerkennung möglicher zukünftiger Gewinne. Ihr Plan sollte flexibel genug sein, um auf Schwankungen im Markt zu reagieren, und Ihr Risikotoleranzgrad sollte darin berücksichtigt werden. Eine Strategie sollte in einfacher und grundlegender Weise schriftlich festgehalten werden. Um eine gute Handelsstrategie zu haben, müssen Sie die folgenden Dinge durchführen: Selbsteinschätzung der eigenen Fähigkeiten und Talente. Sie sollten in der Lage sein, eine ehrliche Bewertung Ihrer selbst in diesem Bereich vorzunehmen, damit Sie beurteilen können, ob Sie bereit sind, am Handel teilzunehmen. Sie müssen sich eine sehr wichtige Frage stellen, nämlich "Sind Sie bereit zu handeln?", um sich richtig auf diese Situation vorzubereiten. In welchem Maße glauben Sie, dass ein bestimmter Markt weiterhin gedeihen wird? Haben Sie Ihre Technik ausprobiert, indem Sie mit Falschgeld handeln, um zu sehen, wie sie funktioniert? (Das Paper Trading ist eine Methode, bei der der Kauf und Verkauf ohne Einsatz von echtem Geld geübt wird; es wird oft unter Verwendung von Online-Handelsplattformen wie Paper Money und Investopedia durchgeführt.) In welchem Maße sind Sie sich sicher, dass Ihre Methode effektiv sein wird, wenn sie unter realen Handelsbedingungen umgesetzt wird? Sind Sie schnell in der Lage, auf die von Ihnen selbst angebotenen Signale zu reagieren? Es ist unmöglich zu übertreiben, wie wichtig es ist, sich mental vorzubereiten. Wenn Sie ein guter Trader sein wollen, müssen Sie sicherstellen, dass Sie emotional und mental auf die Verantwortlichkeiten vorbereitet sind, die auf Sie zukommen, sowie auf Ereignisse, die im Markt auftreten können. Wenn Sie ein guter Trader sein wollen, müssen Sie sicherstellen, dass Sie emotional und mental auf die Verantwortlichkeiten vorbereitet sind, die auf Sie zukommen, sowie auf Ereignisse, die im Markt auftreten können. Sie sollten alles in Ihrer Macht Stehende tun, um sicherzustellen, dass Ihr Handelsbereich so frei von Unterbrechungen wie menschenmöglich ist. Wenn Sie emotional nicht in der Lage sind, normal zu funktionieren, gönnen Sie sich einen freien Tag, finden Sie etwas, das Sie entspannt, und sorgen Sie dafür, dass Sie etwas Bewegung bekommen. Der Handel erfordert einen hohen Grad an geistiger Arbeit; daher hilft die Teilnahme an Aktivitäten wie diesen, Ihr Gehirn in kampfbereitem Zustand für die nächste Herausforderung zu halten. Sie sollten sich selbst einen Marktmantra vorbereiten, bevor Sie mit dem täglichen Handel beginnen. Ein Marktmantra ist ein einzigartiger Begriff oder Satz, der Sie in die Denkweise versetzt, zu handeln. Wählen Sie ein Risikolevel. Die Antwort auf diese Frage gibt an, welchen Prozentsatz Ihrer Vermögenswerte Sie in einem Geschäft riskieren sollten. Ihr Anlageportfolio besteht aus einer Vielzahl von Vermögenswerten, einschließlich Bargeld, Rohstoffen und Barmitteln, zusätzlich zu

finanziellen Beständen wie Aktien, Anleihen
und Währungen. Dies variiert je nachdem, wie
Sie handeln und wie risikofreudig Sie sind; aber
an einem bestimmten Handelstag sollte dieser
Anteil Ihres Portfolios zwischen 1 Prozent und
5 Prozent liegen. Wenn Sie an einem einzigen
Tag Geld verlieren, sollten Sie so schnell wie
möglich aus dem Markt aussteigen und Ihr Geld
aufbewahren, bis der Markt günstiger ist.
Berücksichtigen Sie die Regel von einem
Prozent. Gemäß der Ein-Prozent-Regel sollten
Sie niemals mehr als ein Prozent Ihres Geldes
oder Portfolios in einem einzigen Geschäft oder
Markt investieren. Diese Regel besagt, dass Sie
niemals mehr als ein Prozent Ihres Geldes in
einem einzigen Markt investieren sollten. Dies
bedeutet, dass Sie selbst dann, wenn Sie über

10.000 US-Dollar auf Ihrem Handelskonto verfügen, nicht mehr als 100 US-Dollar in einem einzigen Geschäft investieren sollten. Händler mit einem Kontostand von weniger als 100.000 US-Dollar sind diejenigen, die diese Strategie am häufigsten anwenden. Andere Marktteilnehmer können zu dem Schluss kommen, die Rate um bis zu 2 Prozent zu erhöhen. Es hängt wirklich davon ab, wo Sie in den Ranglisten stehen und wie viel Geld Sie auf Ihrem Konto haben. Der klügste Weg wäre, die Regel bei oder unter 2 Prozent zu halten. Die Festlegung von Gewinn- und Stop-Loss-Punkten Ein Stop-Loss-Punkt wird erreicht, wenn ein Trader beschließt, eine Aktie mit Verlust zu verkaufen, um sein Gesamtportfolio zu schützen. Der Trader befindet sich oft in

dieser Zwickmühle, wenn sich seine Position
auf dem Markt nicht wie geplant entwickelt.
Der Marktwert der Aktie fällt deutlich unter die
Erwartungen, was den Trader dazu zwingt, sie
zu verkaufen, bevor sie noch weiter fällt. Der
Take-Profit-Punkt bezieht sich auf den Preis, zu
dem ein Trader eine Aktie verkaufen wird, um
einen Gewinn aus der Transaktion zu erzielen.
Trader verkaufen ihre Positionen oft, wenn eine
Konsolidierungsphase naht. Wie man die
Effizienz seiner Stop-Loss-Punkte verbessert
Die für einen Gewinn erforderlichen Stop-Loss-
Positionen werden mithilfe der technischen
Analyse generiert, aber auch grundlegende
Forschung ist manchmal hilfreich.
Widerstandstrendlinien können verwendet
werden, um festzulegen, wo Stop-Loss-Orders

und Take-Profit-Levels platziert werden sollen. Dies wird erreicht, indem man vorherige Hochs und Tiefs verbindet und vergleicht. Sie sollten versuchen, Ihre Wetten abzusichern, indem Sie Ihre Vermögenswerte diversifizieren. Sowohl Absicherung als auch Diversifizierung ähneln dem alten Sprichwort, das davor warnt, alle Eier in einen Korb zu legen. Wenn Sie sich entscheiden, Ihr gesamtes Geld in eine einzige Aktie zu investieren, setzen Sie sich einem erheblichen Risiko aus. Als direkte Folge davon sollten Sie die Investitionen in Ihrem Portfolio diversifizieren. Es ist möglich, dass Sie aufgrund des Zustands des Aktienmarktes an einem bestimmten Punkt eine bestimmte Position absichern müssen. Sie müssen in der Lage sein zu beurteilen, wann es angebracht ist, eine Transaktion zu betreten, und wann es an der Zeit ist, sich von einer zurückzuziehen. Ein Stop-Loss-Auftrag ist eine Art von Auftrag, der Händlern helfen kann, ihre Verluste zu begrenzen. Es ist besser, alles im Voraus vorbereitet zu haben. Risiken des Day Tradings Bevor Sie in den Markt eintreten, müssen Sie ein solides Verständnis für die Vielzahl möglicher Nachteile entwickeln, um sich zu einem erfolgreichen Trader zu entwickeln. Die folgenden Kategorien wurden für die Risiken festgelegt: Marktrisiken Es ist für Ihren Erfolg entscheidend, dass Sie ein solides Verständnis für die Trends im Industriesektor haben. Wenn Sie verfolgen können, wann der Markt steigt und fällt, zusammen mit den damit verbundenen Gefahren, können Sie Ihre Gewinne besser bewahren. Hier sind einige Beispiele für Marktrisiken:

Hier besteht das Potenzial für Inflation. Wenn es unmöglich ist, den Wert einer Investition in der Zukunft vorherzusagen, ist dies ein Beispiel für Inflation. Andererseits kann Deflation zu erhöhten Renditen und Profitabilität für Ihr Unternehmen führen. Inflationäre Einflüsse führen oft zu einer Reduzierung der erwarteten Einnahmen und Gewinne. Dies deutet auch darauf hin, dass die Nachfrage nach Aktien und Rohstoffen im Verhältnis zu ihren steigenden Preisen wachsen wird. Als direkte Folge müssen Sie sicherstellen, dass Ihre Strategie mögliche Verschiebungen auf dem Markt berücksichtigt.

Eine Quelle der Sorge ist die Vermarktbarkeit.

Dies zeigt, wie schnell Sie durch den Verkauf Ihrer Investition einen Gewinn erzielen können. Wenn es Widerstand oder Verzögerungen bei der effektiven Vermarktung oder Förderung Ihres Unternehmens gibt, ist Ihr Zielmarkt wenig hilfreich. Wenn Sie in ein kleines Unternehmen investieren, dessen Aktien nicht an einer der großen Börsen gelistet sind, laufen Sie Gefahr, Ihr Geld zu verlieren.

Der Devisenhandel ist mit Gefahren verbunden. Beim Geschäft mit ausländischen Nationen werden Sie oft auf Situationen stoßen, in denen die Werte Ihrer lokalen Währung und der Währung Ihres internationalen Handelspartners unterschiedlich sind. Selbst wenn der Wert Ihrer Aktien oder Investition steigt, können Sie aufgrund der Unterschiede in den

Devisenkursen zwischen den beiden Ländern dennoch Geld verlieren. Wenn der Wert Ihrer Inlandswährung im Vergleich zum Wert der anderen Währung abnimmt, kann die Rendite Ihrer Investition recht hoch sein.

Risiken beim Investieren betreffen das Management Ihrer Finanzen sowie die Art und Weise, wie Sie in Deals ein- und aussteigen. Es gibt zwei Arten von Risiken:

1. Die Gefahren, die mit dem Verpassen von Chancen einhergehen. Da Ihr Geld bereits in Ihrem aktuellen Unternehmen investiert ist, verhindert diese Art von Anlagerisiko, dass Sie in andere Ventures investieren, die möglicherweise eine höhere Rendite auf

Ihr Geld bieten. Sie werden viele großartige Möglichkeiten verpassen, weil Ihr Geld von einem anderen festgehalten wird.

2. Risiken im Zusammenhang mit Konzentration treten auf, wenn eine Person ihr gesamtes Geld und ihre gesamte Arbeit in eine einzige Transaktion investiert, in der Hoffnung, die Transaktion zu identifizieren, die sie zum Milliardär machen würde. Als direkte Folge setzen Sie Ihr gesamtes Vermögen aufs Spiel und setzen sich der Möglichkeit aus, alles zu verlieren, falls eine der möglichen Gefahren, die während der Transaktion auftreten könnten, realisiert wird.

Das Eingehen von Risiken betrifft oft Swing-Trader, die den mit dem Handel verbundenen Gefahren ausgesetzt sind, von denen jeder Händler wissen sollte. Sie müssen sich darüber im Klaren sein, denn, um ein bekanntes Sprichwort zu paraphrasieren, "Wissen ist Macht". Sie haben mehr Kontrolle über mögliche Bedrohungen, die in der Zukunft auftreten können, wenn Sie dies tun. Hier ist eine Liste einiger der am häufigsten auftretenden mit dem Handel verbundenen Gefahren:

1. Es besteht die Möglichkeit, dass Sie fallen. Dieses Risiko zeigt die Möglichkeit auf, dass der Händler versteckte Gebühren in Verbindung mit jeder einzelnen Transaktion, die er

durchführt, auf sich nehmen kann.

2. Es besteht die Möglichkeit einer schlechten Ausführung. Dieses Risiko tritt auf, wenn Ihr Broker Ihre Transaktion aufgrund volatiler Marktbedingungen, eingeschränkter Verfügbarkeit von Aktien oder einem Mangel an anderen Käufern und Verkäufern auf dem Markt nicht abschließen kann. In diesem Fall kann die von Ihnen angeforderte Aktientransaktion nicht stattfinden oder Ihre Bestellung wird möglicherweise nie abgeschlossen.

Es besteht die Möglichkeit, dass es eine Kluft geben wird. Es ist möglich, dass eine Aktie zu einem Preis gehandelt wird, der deutlich höher oder niedriger ist als der Preis, zu dem Sie eine Position verlassen haben, und dass sie zu diesem Preis weiter gehandelt wird. Dies geschieht, wenn Ihre Transaktionen Preislücken enthalten. Zum Beispiel könnte der Preis einer Aktie von $35 heute auf $30 fallen, wenn der Handel beginnt. Wenn Ihr Zielkurs $34 ist, besteht eine gute Chance, dass Ihr Kauf zum Eröffnungspreis abgeschlossen wird. Obwohl solche Gefahren selten sind, haben sie dennoch das Potenzial, Probleme für die meisten Händler zu schaffen.

Die unten aufgeführten Gefahren sind zusätzliche Risiken.

Schwarze Schwan-Ereignisse: Bedrohungen dieser Art können aus dem Nichts zuschlagen. Sie sind schwer vorherzusagen und stellen eine Art enormes Risiko mit erheblichen Marktauswirkungen dar.

Risiko, das nicht verteilt ist: Sie laufen Gefahr, dass dies passiert, wenn Sie "alle Ihre Eier in einen Korb legen". Es ist berühmt schwer zu verhindern und dieses Risiko vorherzusagen, da Märkte darauf Einfluss haben können. Das Vermeiden, alles auf einmal zu verlieren, ist eine der Hauptmotivationen für Händler und Investoren, ihre Aktien und Vermögenswerte zu diversifizieren.

Disziplin: Aufgrund der Höhen und Tiefen, die sie am Markt erleben, sind die Emotionen und

Stimmungen von Tradern beim Daytrading oft verwirrt. Dies steht im krassen Gegensatz zur gewissenhaften Persönlichkeit, die die meisten Trader vor Markteröffnung darstellen, voller Vorfreude auf das erwartete Geld und die Gewinne. Emotionen können Ihr Urteilsvermögen beim Handel trüben und es schwierig machen, kluge Entscheidungen zu treffen. Daytrading sollte nicht ohne Emotionen, sondern mit einer Händlermentalität durchgeführt werden. Sie sollten in der Lage sein, sie zu vermeiden und von ihnen zu profitieren. Unabhängig davon, ob Ihre Einkommen steigen oder fallen, sollten Sie immer kühl, logisch und klar denken. Das soll nicht bedeuten, dass Sie als Trader Ihre Emotionen ignorieren sollten.

Gier: Ein Trader kann motiviert sein, mehr Geld zu verdienen, wenn er seine Kontostände überprüft und feststellt, dass sie niedrig sind. Obwohl der Wille, hart zu arbeiten, lobenswert ist, überdehnen sich einige Trader in ihrem Bestreben, schnell viel Geld zu verdienen. Sie begehen Handelsfehler, die das Gegenteil des gewünschten Ergebnisses haben können.

Eingehen unnötiger und gefährlicher Risiken: In dem Bestreben, dem Trader zu helfen, ein bestimmtes finanzielles Ziel auf dem Handelskonto zu erreichen, wird die Gier nach mehr Geld versuchen, ihn dazu zu überreden, unnötige Risiken einzugehen. Verluste werden höchstwahrscheinlich die Folge sein. Risikoreiche Trader könnten eine hohe Verschuldung nutzen, weil sie glauben, dass dies ihnen helfen würde, aber es könnte zu großen Verlusten führen.

Überhandelung durchführen: Ein Trader kann aus dem Wunsch, seine Gewinne zu steigern, über längere Zeiträume handeln. Solche Strategien sind oft wenig erfolgreich, weil sie einen Trader in eine Situation bringen, in der die Gier sein Konto durch Überhandelung in Markt-Hochs und -Tiefs auslöschen könnte. Handeln ohne Berücksichtigung der Tageszeit oder ohne gründliche Studie endet fast immer mit einem Verlust.

Unzureichendes Verständnis von Gewinn und Verlust: Ein Trader wird eine profitable Position aufgeben, bevor sich der Markt umkehrt, und alle Gewinne auslöschen, weil er schnell viel

Geld verdienen möchte.

Angst: Angst kann sowohl als Schutzmaßnahme gegen Überhandelung als auch gegen Gewinnstreben wirken und in beiden Fällen handeln. Ein Trader kann eine Position aus Angst schließen, um einen Verlust zu stoppen. Ein Trader kann eine Transaktion auch aus Angst zu früh schließen, weil er befürchtet, dass der Markt kippen und Verluste verursachen könnte, selbst wenn er eine Gewinnserie hat. Angst ist das motivierende Element in beiden Situationen, das versucht, sowohl Versagen als auch Erfolg gleichzeitig zu verhindern.

Die Angst vor dem Scheitern: Ein Trader kann daran gehindert werden, Trades zu tätigen, aus Angst, Geld auf dem Markt zu verlieren, und wählt stattdessen, den Markt wachsen und sich entwickeln zu sehen. Die Angst, Geld zu verlieren, behindert den Handelserfolg. Ein Trader kann eine potenziell vorteilhafte Transaktion nicht abschließen, weil er aus Angst gehandelt wird.

Die Furcht vor dem Erfolg: Bei einer auf Angst basierenden Handelsansicht wird ein Trader, wenn sich eine Gelegenheit bietet, Geld an den Markt verlieren. Sie verhält sich selbstzerstörerisch angesichts des Marktdrucks. Weil diese Trader Angst davor haben, zu viel Geld zu verdienen, lassen sie Verluste weitergehen, auch wenn sie sich ihrer Handlungen und möglicher Verluste bewusst sind.

Trading ist von Vorurteilen geprägt: Ein Trader kann eine Vielzahl von Marktvorurteilen entwickeln, die durch emotionales Spiel verursacht werden, und die vermieden werden sollten. Diese psychologischen Handelsvorurteile können dazu führen, dass ein Trader impulsiv unüberlegte Entscheidungen trifft, die ihn Geld kosten. Sie müssen sich Ihrer Emotionen als Trader bewusst sein und Strategien entwickeln, um sie zu kontrollieren, damit Sie einen klaren Kopf in Ihrem Handelsfenster behalten können, auch wenn Ihre Handelsvorurteile im Fokus stehen.

Die Überzeugung ist verzerrt: Trader erleben oft Freude am Gewinnen, wenn sie einen großen Gewinn bei einer Transaktion erzielen. Dies gilt besonders für Anfängertrader. Sie möchten weiter handeln, weil sie sicher sind, dass ihre Analyse, die letztendlich ihre Einnahmen und Gewinne beeinflusst, nicht fehlerhaft sein kann. Dies ist nicht der Fall und sollte es nicht sein. Sie können nicht so sicher sein, dass Ihre analytischen Fähigkeiten immer richtig sind. Der Markt ist unvorhersehbar, sodass die Karten sich jederzeit ändern können. Wenn dies geschieht, wird der überzeugte und begeisterte Trader enttäuscht sein.

Bestätigtes Bias in Trades: Das Bias in der Bestätigung einer bestehenden Transaktion, die es rechtfertigt, ist ein Aspekt der Handelspsychologie, der dazu führt, dass Trader viel Zeit und Geld verschwenden. Dieser Bias ist bei erfahrenen Tradern stärker ausgeprägt. Nach Abschluss eines Geschäfts kommen sie

zurück, um es zu überprüfen und zu
untersuchen, um zu zeigen, dass es die richtige
Entscheidung war und dass sie gemäß den
Marktbedingungen gesegelt sind. Sie
verbringen viel Zeit damit, nach Fakten zu
suchen, die sie bereits kennen. Sie könnten auch
die Weisheit ihrer Entscheidung demonstrieren,
einen schlechten Trade zu beginnen und einen
schlechten Zug zu machen.

Fokussierung auf veraltete Strategien hat ein
Bias: Diese Art von Bias in der
Handelspsychologie betrifft Trader, die stark
auf veraltete Informationen und
Handelsmethoden angewiesen sind, die ihrer
Handelsleistung eher schaden als helfen.

Bias in der Verlustvermeidung: Das Handeln

mit dem Ziel, Verluste zu vermeiden, wird oft von Angst getrieben. Bestimmte Handelsstrategien und Handelsfenster von Tradern werden von ihrer Angst vor dem Geldverlust beeinflusst. Gewinne und Profite sind keine Motivatoren, wenn Menschen daran gehindert werden, potenziell lukrative Interaktionen aufgrund von Angst zu beginnen. Sie beenden auch Geschäfte zu früh, selbst wenn sie profitabel sind, um potenzielle Verluste zu reduzieren.

Die Psychologie des Handels beeinflusst das Handelsverhalten.

Die Handelsgewohnheiten, Fehler und Erfolgstechniken eines Traders werden von psychologischen Faktoren beeinflusst. Hier ist eine Erklärung der nachteiligen Gewohnheiten, die viele Trader als Folge des Einflusses der Psychologie auf ihr Verhalten entwickeln.

Handeln ohne Strategie ist ein riskantes Unterfangen. Ein Trader würde Schwierigkeiten haben, ohne eine Handelsstrategie und einen Plan, da es keine Methode gäbe, um das gewünschte Ergebnis zu erreichen. Ein Trader sollte einen soliden Plan erstellen, den er als Leitfaden verwenden kann, wenn er ein Problem auf dem Markt entdeckt. Es sollte eine gut durchdachte Strategie sein, die festlegt, was unter verschiedenen Umständen zu tun ist und welche Handelsmuster zu verwenden sind. Ohne einen Plan zu handeln, ist gleichbedeutend mit dem Bankrottgehen.

Es gibt keine Geldverwaltungspläne. Eine der wichtigsten Komponenten des Handels sind Geldverwaltungstaktiken, und ohne effiziente Geldverwaltungstechniken ist kein Wachstum bei offenen Trades möglich. Um als Trader Transaktionen durchzuführen und Geld zu verdienen, müssen Sie sehr genaue Regeln dafür befolgen, wie Sie das Geld auf Ihrem Konto verwenden.

Ein ständiges Verlangen, Recht zu haben. Einige Trader handeln konsequent gegen den Markt, um ihren Wunsch auszudrücken, dass der Markt auf eine bestimmte Weise reagieren soll. Sie führen keine gründliche Analyse durch oder bemühen sich darum, konsequent richtig zu sein. Stattdessen folgen sie ihrer eigenen Ideologie anstelle des Signals des Marktes.

Die negativen Auswirkungen von psychologischen Gewohnheiten: Die Festlegung eines klaren Zielsatzes. Ein Trader, der eine Vision für seine Handelskarriere hat, anstatt nur um des Handels willen zu handeln, würde davon profitieren, eine Vision für seine Karriere zu haben. Die Festlegung von Zielen in schriftlicher Form kann einem Trader auch helfen, sich selbstsicherer zu fühlen. In einem gut durchdachten Plan liegt eine siegreiche Taktik auf dem Markt.

Entwicklung von Handelsregeln. Die Festlegung von Handelsdisziplin wird durch die Regeln des Traders erleichtert. Sie sollten Handelsregeln aufstellen, die festlegen, wann Sie mit dem Handel beginnen und enden, sowie ob Sie täglich, wöchentlich oder während eines beliebigen Handelsfensters handeln. Der Eckpfeiler erfolgreichen Handels ist zu wissen, wann man einen verlorenen Deal beenden und einen gewonnenen schließen sollte.

Erstellung von Geldverwaltungsstrategien von Grund auf. Es reicht nicht aus, eine finanzielle Strategie zu haben; Sie müssen sie auch umsetzen. Geldverwaltungsstrategien sind entscheidend, um sicherzustellen, dass die Rentabilität eines Traders an erster Stelle steht, auch wenn das Verlustrisiko berücksichtigt wird. Verwenden Sie die Geldtechnik, um überhastet und emotional zu handeln.

Kapitel Drei

Was zu handeln ist

Ohne Frage ist die beliebteste Form der Geldanlage der Handel mit Aktien. Sie eignen sich sowohl für unerfahrene als auch für erfahrene Anleger. Schauen wir uns an, wie man die richtigen Aktien auswählt und kauft.

Wählen Sie den Fokus des Unternehmens. Ihre Hobbys und Ihre bisherige Erfahrung sollten bei der Auswahl eines Sektors berücksichtigt werden. Wenn Sie beispielsweise Innenarchitektur meistern möchten, sollten Sie sich auf Hersteller von Möbeln und Haushaltswaren konzentrieren. Wenn Sie gerne Computerspiele spielen, werfen Sie einen genaueren Blick auf Spieleentwickler und Hersteller von Grafikkarten. Die Auswahl mehrerer Sektoren ist besser als die Auswahl nur eines, da Sie Ihre Vermögenswerte diversifizieren müssen. Sie werden mehr über Organisationen erfahren, die Ihr persönliches oder berufliches Leben beeinflussen.

Informieren Sie sich über die Unternehmen im ausgewählten Bereich. Es ist denkbar, dass aufstrebende Unternehmen die etablierten Marktführer übertreffen, wenn man Unternehmen in derselben Branche vergleicht. Besuchen Sie hierfür die Website der Börse, die Sie interessiert (MICEX, NYSE oder NASDAQ), und machen Sie sich mit der Liste der gehandelten Vermögenswerte vertraut.

Es mag zwar großartig und sicher erscheinen, Aktionär eines großen Unternehmens zu sein. Zweitrangige Akteure sollten jedoch nicht außer Acht gelassen werden, da sich ihre Aktienwerte jederzeit erhöhen können. Solche Erhöhungen können für Aktionäre vorteilhaft sein. Erstellen Sie eine Liste der Unternehmen, über die Sie mehr erfahren möchten. Jedes einzelne muss gründlich studiert werden.

Betrachten Sie das Geschäftsprofil. Arbeiten Sie sich durch alle verfügbaren Informationen des Unternehmens. Wie hat es sich entwickelt? Was war die Art des Übergangsprozesses? Welchen Einfluss hatten wichtige historische Ereignisse auf den Aktienkurs des Unternehmens? Welche langfristigen Ziele haben Sie? Die zukünftige Entwicklung eines Unternehmens wird in der Regel von der Richtung seiner vergangenen Bewegung beeinflusst. Beachten Sie insbesondere die Gewinn- und Verlustrechnungen.

Achten Sie sowohl auf Ihre Misserfolge als auch auf Ihre Erfolge. Das Verständnis für die Herangehensweise eines Unternehmens an Widrigkeiten und den aktuellen Zustand seiner Aktien ist entscheidend. Dies ermöglicht es Ihnen, Ihre Risiken in der Gegenwart zu bewerten. Vergessen Sie nicht die Liquidität; das Unternehmen und die von ihm hergestellten Produkte sollten sowohl heute als auch in der Zukunft verkauft werden können.

Finden Sie heraus, was sich im Unternehmen geändert hat. Ihre Gewinne aus Investitionen hängen direkt von den Initiativen des Unternehmens ab. Wenn das Unternehmen beispielsweise plant, ein neues Produkt auf den Markt zu bringen oder eine Entdeckung gemacht hat, kann dies zu Ihrem Vorteil sein. Es gibt keine Garantie für schnelle Renditen, aber alles Neue weckt das Interesse der Menschen und erhöht somit die Wahrscheinlichkeit, dass die Aktienkurse steigen. Eine Veränderung in der Führungsebene kann beispielsweise sowohl positive als auch negative Auswirkungen auf die Geschäftstätigkeit und damit auf den Wert des Unternehmens haben. Gehen Sie niemals davon aus, dass ein Unternehmen schnell wachsen wird. Die Aktienwerte einiger der bekanntesten Unternehmen der Welt steigen allmählich, aber stetig.

Analysieren Sie die Dynamik Ihres Unternehmens und Sektors. Betrachten Sie das Unternehmen und den Sektor, in dem es in den letzten Jahren tätig war. Wenn die Wachstumsrate abnimmt oder, noch schlimmer, negativ ist, lohnt es sich nicht, in diese Richtung zu schauen. Es ist, als würde man in den letzten Zugwagen einsteigen, wenn man Aktien in einer Phase explosiven Wachstums kauft.

Die Dynamik dieser Unternehmen ist oft stärker und konstanter, und Konstanz reduziert immer Risiken. Prognostizieren Sie mit Hilfe von Finanzdaten die Zukunft des Unternehmens und entscheiden Sie, ob Sie Aktionär in einem Unternehmen mit einer solchen Zukunft sein möchten. Das Erinnern an mögliche unangenehme Ereignisse ermöglicht es Ihnen, die Risiken und Ihre Haltung dazu klarer zu bewerten.

Überprüfen Sie die Daten. Sie haben bereits

einige Recherchen durchgeführt, vorausgesetzt, Sie haben keine der früheren Phasen ausgelassen. Sie können jetzt professionelle Unterstützung suchen und deren Prognosen für die Zukunft des von Ihnen ausgewählten Unternehmens erfahren. Große Investitionsorganisationen veröffentlichen oft ihre eigenen Empfehlungen. Sie können auch die Meinungen renommierter Experten und erfahrener Anleger online einholen (auch auf ihren persönlichen Seiten in sozialen Netzwerken). Analysten können das genaue Ergebnis nicht vorhersagen, da sie keine Hellseher sind. Andererseits kann eine sachkundige externe Meinung die benötigten Informationen liefern. Außerdem haben erfahrene Analysten oft Zugang zu

111

Insiderinformationen. Sie können historische Kennzahlen aus früheren Perioden überprüfen. Dies hilft festzustellen, ob frühere Prognosen genau waren.

Erstellen Sie ein Portfolio für Investitionen. Einige der Unternehmen aus der ersten Liste werden nach eingehender Prüfung der vorherigen Sätze eliminiert. Andere befinden sich im Höhepunkt ihres Wohlstands, während wiederum andere wirtschaftlichen Niedergang erleben usw. Als Ergebnis wird eine Liste von einem, zwei oder sogar drei Marktteilnehmern bereitgestellt. Entsprechend früherer Forschung sollten Aktien eines Unternehmens mit besseren Aussichten gekauft werden. Es ist nicht notwendig, sich auf ein bestimmtes Unternehmen aus einem bestimmten Sektor zu konzentrieren. Sie können Aktien von zwei oder drei konkurrierenden Unternehmen kaufen, um zu sehen, welches sich besser entwickelt.

Durch die Einbeziehung von Aktien von 10–12 verschiedenen Unternehmen in Ihr Portfolio können Sie versuchen, es zu diversifizieren und sicherstellen, dass Verluste in einem Vermögenswert durch Gewinne in anderen Vermögenswerten ausgeglichen werden. Sie müssen in verschiedenen Geschäftsbereichen investieren, wie bereits erwähnt wurde.

Es ist nicht schwierig, in Aktien zu investieren und Geld damit zu verdienen, obwohl der mehrstufige Prozess komplex ist. In diesem Fall macht mehrstufig sicherlich den Prozess nicht komplizierter, sondern es hilft und verbessert das Ergebnis. Eine solide Herangehensweise erfordert Zeit und Aufmerksamkeit: Es erfordert das Halten von Aktien und das Führen einer Waffe. Das Wichtigste, woran Sie sich erinnern sollten, ist, dass Sie Zeit und Energie investieren, um Risiken zu minimieren und Einnahmen zu generieren, was stimuliert.

Wie jede Investition birgt auch die Investition in Aktien bestimmte Risiken. Unabhängig davon, wie intelligent Sie sind, können Sie diese Risiken nicht vermeiden. Die Exposition gegenüber diesen Risiken auf ein Minimum zu reduzieren, ist die beste Methode, um mit ihnen umzugehen.

Sie müssen zunächst Ihre Risiken verstehen, um Methoden zu entwerfen, um sie zu verringern.

Sie müssen sich der vielen Gefahren und der Faktoren bewusst sein, die ein Risiko für Ihre Ertragsfähigkeit darstellen können.

Die verschiedenen Arten von Risiken Ein Risiko besteht darin, dass die Investition ihren gesamten oder einen Teil ihres Werts verliert. Einige Risiken stehen direkt in Verbindung, während andere Ihre Aktieninvestition und Kaufkraft indirekt beeinflussen. Lassen Sie sich nicht von den Risiken davon abhalten, in Aktien zu investieren, da sie bei allen Investitionen vorhanden sind.

Finanzielles Risiko Auch etablierte Unternehmen sorgen sich um das Eingehen finanzieller Risiken. Dieses Risiko beinhaltet die Unfähigkeit eines Unternehmens, seine

Investoren zu entschädigen. Bedenken Sie, dass, sobald ein Unternehmen Insolvenz anmeldet, seine Gläubiger vor seinen Eigentümern und Investoren bezahlt werden. Aktionäre verlieren eher den Wert ihrer Investition, wenn ein Unternehmen Insolvenz anmeldet.

Risiko im Zusammenhang mit Zinssätzen Es wird verwendet, um die Auswirkungen eines Anstiegs der Zinssätze nach dem Erwerb einer Investition zu veranschaulichen. Diese Art von Risiko ist oft mit Investitionen verbunden, die zu Verpflichtungen führen oder Investitionen, die Investoren Zinsen zahlen müssen. Eine Investition, die Verpflichtungen schafft, ist eine Anleihe.

Die finanzielle Lage eines Unternehmens wird vom Zinsrisiko beeinflusst, insbesondere für Unternehmen, die auf Schuldinstrumente angewiesen sind, um Kapital zu beschaffen.

Auch Aktieninvestitionen sind von diesem Risiko betroffen. Die Fähigkeit eines Unternehmens zu zahlen kann beeinträchtigt werden, wenn es Anleihen und andere Schuldinstrumente ausgibt und dann unerwartet einen Anstieg der Zinssätze erlebt. Höhere Zinszahlungen resultieren aus höheren Zinssätzen. Daraus ergibt sich, dass das Unternehmen seine Gläubiger vor seinen Investoren bezahlen muss. Als Folge können Aktienkurse sinken oder Dividendenzahlungen können verschoben werden.

Investoren in Aktien, insbesondere in den Branchen Finanzen und Energie, verkaufen ihre Bestände oft, wenn die Zinssätze steigen. Anstatt Aktien zu kaufen, möchten diese Personen möglicherweise in Schuldinstrumente investieren. Durch Investitionen in Geldmarktinstrumente, die gut abschneiden und Renditen auch in Zeiten hoher Zinssätze bieten, diversifizieren erfahrene Investoren ihre Portfolios, um das Zinsrisiko zu verringern.

Währungsrisiko

Marktrisiko ist der Begriff, der verwendet wird, um zu beschreiben, wie Angebot und Nachfrage auf dem Markt schwanken. Preissteigerungen treten auf, wenn eine bestimmte Art von Waren stark nachgefragt wird und das Angebot eingeschränkt ist. Im Gegensatz dazu sinkt der Preis einer Aktie, wenn niemand daran interessiert ist. Als Reaktion auf die Marktnachfrage schwanken Aktienpreise und -werte. Aus diesem Grund ist die Investition in Aktien kurzfristig riskant. Der Aktienmarkt schwankt aufgrund der Millionen von Menschen, die täglich Aktien kaufen und verkaufen. Der Preis einer Aktie steigt schnell an. In der nächsten Minute fällt der Preis derselben Aktie, weil niemand sie kaufen möchte. Der Preis einer Aktie kann aufgrund von Faktoren außer der Nachfrage gestiegen oder gefallen sein, wie zum Beispiel der finanziellen Lage des ausgebenden Unternehmens, dem politischen und gesellschaftlichen Klima und der Inflation. Die

Kernbotschaft lautet, in Aktien zu investieren, wenn Sie nicht wissen, was Sie tun, zu vermeiden. Sie könnten aufgrund von Unwissenheit viel Geld verlieren.

Inflationsrisiko

Ein Rückgang der Kaufkraft eines Investors wird als Inflationsrisiko bezeichnet. Das identische Produkt, das vor einigen Jahren zum gleichen Preis und in der gleichen Menge erhältlich war, ist nicht mehr verfügbar. Zum Beispiel kosteten vor fünf Jahren 10 Bonbons einen Dollar. Die identische Art von Bonbons ist heute immer noch für einen Dollar erhältlich, obwohl die Menge geringer ist. Sie können heute möglicherweise nur 5 oder weniger kaufen. Wie beeinflusst dieses Risiko Ihren

Aktienanlageplan? Angenommen, Sie investieren einen Teil Ihres Geldes in ein Unternehmen mit einer Dividendenrendite von 4% und den Rest auf einem Sparkonto mit 4% Zinsen. Tatsächlich verdienen Sie Geld. Ihr ursprüngliches Investment könnte aufgrund von Zinserhöhungen und der finanziellen Situation des ausgebenden Unternehmens gefährdet sein. Ein höherer Zinssatz bedroht nicht die Sicherheit Ihrer zweiten Investition, da sie sicher ist. Da Sie den Rest auf einer Bank platziert haben, verdient Ihr Geld den Zins, den die Bank verwendet. Andererseits liegt die Inflationsrate bei etwa 5%. Ihre Gehälter halten mit der Inflation nicht Schritt. Dies deutet darauf hin, dass Sie bei Ihrer Bankanlage Geld verlieren.

Steuerliches Risiko

Steuerliches Risiko ist die Verringerung dessen, was Sie erhalten können. Das Ziel von Aktieninvestitionen besteht darin, Geld zu verdienen. Wenn es Wohlstand gibt, gibt es Steuern. Ein Teil Ihrer Steuerpflichten muss von Ihnen bezahlt werden. Dies bedeutet, dass Sie steuerschlau sein müssen, um zu vermeiden, mehr Steuern zu zahlen, als Sie verdienen.

Politische Risiken

Neue von der Regierung erlassene Regeln und Vorschriften beeinflussen bestimmte Unternehmen. Einige Menschen können sogar aufgrund eines bestimmten Gesetzes bankrott gehen, während andere davon profitieren können. Unternehmen können entweder in einer giftigen und unfair politischen Umgebung sterben oder überleben. Es hilft, ein grundlegendes Verständnis dafür zu haben, wie Politik in verschiedenen Ländern funktioniert, da politische und staatliche Konflikte die finanzielle Lage eines Unternehmens beeinflussen können. In vielen verschiedenen Ländern können Unternehmen politische Ziele werden.

Risiko für die physische und psychische Gesundheit

Das persönliche Risiko besteht darin, dass Sie Ihre Investition nicht erhöhen können, wenn sich eine Gelegenheit bietet. Dies kann auch dann der Fall sein, wenn Sie eine Investition nicht fortsetzen können, weil Sie dringend

Bargeld benötigen. Wenn Sie das Geld haben, um zu investieren, es aber nicht tun möchten, befinden Sie sich in der ersten Situation. Außerdem könnten Sie möglicherweise nicht über das Geld verfügen, weil Sie es für einen Notfall verwendet haben. Wenn Sie keine Notfallfonds haben, um unvorhergesehene Kosten zu decken, tritt die zweite Situation ein. Stellen Sie sicher, dass Sie einen Notfallfonds haben, bevor Sie mit der Investition in Aktien beginnen. Wenn Sie diesen Schritt überspringen, werden Sie eher früher als später auf diese Probleme stoßen.

Emotionales Risiko ist die Unfähigkeit, Ihre Emotionen zu kontrollieren, wenn es darum geht, eine Aktie zu kaufen oder zu verkaufen. Viele Investoren lassen ihre Emotionen oft über ihre Vernunft stellen. Wenn Sie in Aktien investieren, könnten Sie entweder gierig nach mehr sein oder Angst haben, Geld zu verlieren. Dies sind starke Emotionen, die Sie beherrschen sollten, wenn es um den Handel mit Aktien geht.

Wie Sie Ihr Risiko senken können

Auch wenn die Investition in die Börse mit einer Vielzahl von Risiken verbunden ist, ist dies einfach und machbar. Es wäre ein Fehler, sich von diesen Risiken daran zu hindern, zu investieren. Sie sollten Ihre Entscheidung, zu investieren oder nicht, nicht hauptsächlich auf Risiken basieren.

Machen Sie eine Pause, studieren Sie und erwerben Sie Wissen.

Lernen Sie so viel wie möglich, bevor Sie Ihr Geld in Aktien investieren. Lernen Sie alles, was es über Aktieninvestitionen zu wissen gibt. Wenn Sie mehr Informationen haben, ist es wahrscheinlicher, dass Sie rentable Investitionen tätigen und auswählen können. Es ist in Ordnung, wenn es Jahre dauert, bis Sie selbst die grundlegendsten Prinzipien der Aktieninvestition verstehen.

Das Wichtigste ist, die Wahrscheinlichkeit zu verringern, dass Sie Geld bei einer Ihnen unbekannten Unternehmung verlieren. Sie können argumentieren, dass der erfahrenste Lehrer der beste ist, aber das bedeutet nicht, dass Sie nicht für den Kampf trainieren sollten. Beginnen Sie nicht mit dem Kauf von Aktien, auch wenn ein Finanzprofi Sie darum bittet, wenn Sie sich nicht bereit fühlen. Finanzberater werden trotz ihrer Fachkenntnisse nicht diejenigen sein, die Geld verlieren.

Beachten Sie die Grundlagen.

Vergessen Sie niemals die Grundlagen, wenn Sie sich bereit fühlen zu kämpfen. Wenn es um Aktieninvestitionen geht, vergessen Sie nie, die Dinge einfach zu halten und zu den Grundlagen zurückzukehren. Diese Grundprinzipien können Ihnen helfen, Ihre Ziele zu erreichen, ohne einen großen finanziellen Verlust zu erleiden.

Diversifikation.

Dieses Wort bezieht sich auf einen Mix-and-Match-Ansatz bei der Aktieninvestition. Sie konzentrieren sich nicht nur auf eine Investition. Ihr Portfolio besteht aus kurz-, mittel- und langfristigen Investitionen. Je nach Art der Investition ändert sich der Prozentsatz. Wenn Sie ein aktiver Investor sind, werden die meisten Ihrer Mittel in kurz- und mittelfristige Wertpapiere investiert. Ein geringerer Prozentsatz entfällt auf langfristige Investitionen. Wenn Sie ein konservativer Investor sind, investieren Sie wahrscheinlich einen erheblichen Teil Ihres Kapitals in Langzeitprojekte. Der Anteil kurz- und mittelfristiger Investitionen am Gesamtbetrag ist recht gering. Eine weitere Möglichkeit, Ihr Portfolio zu diversifizieren, besteht darin, in eine Vielzahl von Finanzprodukten zu investieren. Sie sollten nicht Ihr gesamtes Geld in den Aktienmarkt investieren, da es sich um einen sehr volatilen Markt handelt.

Kapitel Vier

Benötigtes Kapital

Bestimmen Sie, wie viel Geld Sie benötigen, bevor Sie ein Geschäft gründen. Das Tagesgeschäft ist in dieser Hinsicht vergleichbar. Eine entscheidende Information, die die meisten Anleger wissen möchten, ist, wie viel Geld sie beisteuern müssen. Der Markt, in den Sie investieren möchten, wird bestimmen, wie viel Geld Sie für das Tagesgeschäft benötigen. Auch Ihre Handelsstrategie wird Einfluss darauf haben, wie viel Geld Sie aufbringen müssen. Verschiedene Märkte erfordern unterschiedliche

Geldsummen. Die verschiedenen Märkte, die Ihnen offenstehen, werden unten mit ihren jeweiligen Kapitalanforderungen aufgeführt. Die Kapitalanforderungen für Aktienhändler Sie müssen mindestens 25.000 US-Dollar speziell für den Aktienhandel beiseite legen. Dieser Betrag ist nicht festgelegt. Wenn Sie mehr als dreimal handeln möchten, sollten Sie mehr als 30.000 US-Dollar haben. Wenn der Wert Ihres Handelskontos unter 25.000 US-Dollar fällt, dürfen Sie nicht handeln. Ihr Konto muss um den erforderlichen Mindestbetrag aufgestockt werden. Die Anforderung des Kontoguthabens gilt nur für Händler, die in US-Aktien investieren möchten. Es ist wichtig zu bedenken, dass verschiedene Organisationen an internationalen Märkten einen unterschiedlichen

Mindestkontosaldo benötigen, um zu investieren. In dem Land, in dem Sie aufgewachsen sind, gibt es möglicherweise keine Mindestsaldoanforderung. Es wird jedoch empfohlen, genug Geld einzuzahlen, um von jedem Kauf- und Verkaufsgeschäft profitieren zu können. Warum sagen wir das? In anderen Fällen können Gebühren und Transaktionskosten kleinere Beträge vollständig aufzehren. Daher wird Ihr Kontoguthaben durch diese Abzüge nicht verändert. Die Mehrheit der Marktteilnehmer wird immer wieder mit einem Kapitalmangel kämpfen. Wenn Sie nicht genug Geld haben, können Sie nicht von der Marktvola unterstützt werden. Auch wenn Sie heute Geld verloren haben, könnten Sie es morgen wieder ausgleichen, wenn die Börse

131

plötzlich steigt. Daher wird dringend empfohlen, ausreichend Geld zu haben. Benötigtes Kapital für Devisenhändler Der Devisenmarkt unterscheidet sich in einigen Punkten vom Aktienmarkt. In diesem Fall sind geringere Geldbeträge erforderlich. Das sollte eine fantastische Nachricht für einen Anfänger wie Sie sein. Mit dem geringen Geldbetrag, den Sie eingesetzt haben, können Sie sofort mit dem Tageshandel von Devisen beginnen. Der Vorteil des Devisenhandels besteht darin, dass Sie eine Hebelwirkung von bis zu 50:1 verwenden können. Diese Zahl könnte in anderen Ländern möglicherweise höher sein. Eine Erhöhung der Hebelwirkung bedeutet ein höheres Risiko, das zu einer lukrativen Auszahlung führen könnte. Der Devisenhandel ist aufgrund seiner

Liquidität eine ausgezeichnete Alternative für den Tageshandel. Der Devisenmarkt ist der größte Markt der Welt. Das täglich gehandelte Geldvolumen nähert sich oft 5 Billionen US-Dollar. Daher ist dieser Markt aufgrund seiner Liquidität sehr verlockend. Wie viel Geld benötigen Sie also, um mit dem Devisenhandel zu beginnen? Der Handel kann bereits mit so wenig wie 100 US-Dollar begonnen werden. Es wird jedoch eine Summe von 500 US-Dollar empfohlen. Dies ermöglicht es Ihnen, Währungen zu den besten Stop-Leveln zu kaufen. Wie Sie sehen können, wird diese Tätigkeit Sie nur wenig Geld kosten. Sie können nicht behaupten, dass dies Ihnen ermöglichen wird, sich selbst zu unterstützen. Es ist jedoch wichtig zu bedenken, dass Ihre täglichen Gewinne dazu beitragen können, Ihr Vermögen allmählich zu steigern. Auch wenn Sie neu im Devisenhandel sind, sollten Sie die Bedeutung des kleinen Anfangs nie unterschätzen. Kapitalanforderungen für Futures. Zusätzlich zu Aktien und Geld haben Sie auch die Möglichkeit, in Futures zu investieren. Futures haben den Vorteil, dass Sie in sie mit sehr wenig Kapital investieren können. Es ist nicht gesetzlich vorgeschrieben, einen Mindestbetrag für den Kauf von Futures zu haben. Es ist jedoch wichtig, dass ein Händler genug Geld zur Verfügung hat, um tägliche Handelsmargen an einem bestimmten Tag zu zahlen. Viele Broker verlangen einen Mindestkontostand von 1.000 US-Dollar für Trader. Unabhängig davon, ob Sie auf einen bestimmten Betrag begrenzt sind, sollten Sie versuchen, Ihr Konto mit mindestens 8.000 US-Dollar zu eröffnen. Um erfolgreich mit anderen Futures zu handeln, muss Ihnen Ihr Broker zusätzliche Margen zur Verfügung stellen. Daher sollten Sie vor der Anmeldung bei Ihrem Broker bestätigen. Abschließend lässt sich feststellen, dass unterschiedliche Märkte unterschiedliche Kapitalbeträge benötigen, wenn es um die benötigte Geldmenge geht. Da der Handel mit Aktien Kapital erfordert, wird davon abgeraten, wenn Sie ein begrenztes Budget haben. Im Gegensatz dazu können Sie im Devisenmarkt bereits mit 1.000 US-Dollar handeln. Um sicherzustellen, dass Sie einen Puffer haben, wird empfohlen, zusätzliches Geld zu haben. Futures könnten eine gute

Option sein, wenn Sie mit einem knappen Budget arbeiten. Darüber hinaus sollte beachtet werden, dass das Handeln mit Ihrem eigenen Geld niemals klug ist. Nutzen Sie Demo-Konten sinnvoll, wenn Sie mit einem Broker mit Spielgeld handeln. Sie können mit echtem Geld beginnen, nachdem Sie festgestellt haben, dass Ihre Handelsstrategien effektiv sind. Der Vorteil hierbei ist, dass Sie potenzielle finanzielle Fehler sofort sehen können. Dies verhindert, dass Sie Ihr hart verdientes Geld gefährden. Wie man seine Risikotoleranz bestimmt Neben der Kenntnis darüber, wie viel Geld Sie zum Handeln benötigen, sollten Sie einen Moment Zeit nehmen, um Ihre Risikotoleranz zu bewerten. Was bedeutet es, Risiken zu vermeiden? Es hat damit zu tun, wie viel Unsicherheit ein Trader in Bezug auf Anlageerträge bereit ist zu ertragen. Sie sollten ein solides Verständnis dafür haben, wie viel Marktvola als Trader verkraftbar ist. Wenn die Märkte zu fallen scheinen, können Sie Panik erleben. Sie könnten sich in diesen Situationen dabei erwischen, zu einem schlechten Zeitpunkt zu verkaufen. Sie sollten also Ihr aktuelles Maß an Risikotoleranz kennen. Welches Risikoniveau sind Sie bereit zu akzeptieren, während Sie mit Tagesgeschäften handeln? Um Ihre Toleranzkapazität ordnungsgemäß zu bestimmen, müssen Sie Ihre bisherige Leistung bewerten. Finden Sie die unwahrscheinlichsten Fälle heraus, in denen Sie bereit wären, Geld zu verlieren. Mehrere Faktoren können Ihre Fähigkeit zur Risikotoleranz beeinflussen. Die

Menge, die Sie akzeptieren können, hängt beispielsweise davon ab, ob Sie hohe Aussichten haben, Ihr Einkommen in naher Zukunft zu steigern. Wenn Sie von zukünftigen Wertpapieren profitieren möchten, wie beispielsweise einer Rente, wird Ihr Risikotoleranzgrad ebenfalls hoch sein. Im Allgemeinen werden Sie bereit sein, große Risiken einzugehen, wenn Sie sicher sind, dass Sie andere Vermögenswerte haben, die Ihnen mehr Einkommen bieten könnten. Die verschiedenen Kategorien der Risikotoleranz sind unten aufgeführt. Aggressiv Die Bereitschaft einer Person, Risiken einzugehen, wird als ihre Risikotoleranz bezeichnet. Es wird für Trader mit umfangreicher Erfahrung im Tagesgeschäft einfacher sein, das Risiko der

Investition in sehr volatile Vermögenswerte zu akzeptieren. Dies wird durch ihr umfassendes Wissen über aktuelle Branchentrends beeinflusst. Aufgrund ihres Verständnisses können sie die zukünftige Entwicklung eines Wertpapiers schnell vorhersagen. Sie zeigen oft Toleranz gegenüber Veränderungen auf dem Markt. An einem guten Tag gehen sie die größten Risiken ein, um Gewinne zu maximieren. Das ist der Kern der aggressiven Risikotoleranz.

Gemäßigte Risikotoleranz

Während gemäßigte Trader bereit sind, bestimmte Risiken einzugehen, meiden sie Vermögenswerte, die zu riskant sind. In solchen

Situationen bevorzugen sie weniger volatile Märkte. Ihr Hauptziel besteht darin, die Risiken zu minimieren, denen sie wahrscheinlich ausgesetzt sind.

Risikoakzeptanz

Konservative Trader können von aggressiven oder gemäßigten Tradern unterschieden werden. Wie der Name schon sagt, ergreifen diese Anleger alle Vorsichtsmaßnahmen, um das Risiko zu minimieren. In dieser Kategorie machen Rentner den Großteil der Trader aus.

Basierend auf den Ihnen zur Verfügung gestellten Informationen, wo schätzen Sie sich ein? Ihr Mut, Chancen einzugehen? Sie sollten sich bewusst sein, dass Ihre Toleranzgrenze im Laufe der Zeit variieren wird, während Sie die

Fähigkeit entwickeln, mit Verlusten umzugehen.
Dennoch sollten Sie sofort herausfinden, was
für Sie am besten funktioniert. Dies ist wichtig,
da es verhindern wird, dass Sie aufgeben, wenn
Sie unerwartete Verluste erleiden. Das
Verständnis Ihrer Risikotoleranz ist ein
entscheidender Teil Ihres Handelsfundaments,
da es zu Ihrem Wachstum als Trader beiträgt.

Es gibt Hunderte von Wertpapieren, aus denen
ein Trader auswählen kann, und Daytrader sind
nicht auf bestimmte Arten von Aktien
beschränkt; Sie können praktisch jede Aktie
handeln, die Sie wählen. Die Auswahl, welche
Aktien Sie auf Ihre Watchlist setzen sollen, mag
angesichts der vielen Optionen wie eine
schwierige Aufgabe erscheinen. Die Auswahl
dessen, was Sie handeln möchten, ist der erste

Schritt beim Daytrading, was uns zu diesem Punkt bringt.

Hier sind einige Richtlinien, die Ihnen helfen können, die besten Aktien für den größten Gewinn auszuwählen: Im Daytrading gibt es eine große Volatilität und Liquidität.

Liquidität im Kontext der Finanzmärkte bezieht sich auf die Fähigkeit, etwas schnell zu kaufen oder zu verkaufen. Es kann auch verwendet werden, um zu beschreiben, wie das Handeln den Preis eines Vermögenswerts beeinflusst. Im Vergleich zu anderen Wertpapieren sind liquide Aktien einfacher im Daytrading, mehr rabattiert und kostengünstiger.

Aufgrund ihres höheren Handelsvolumens können liquide Aktien häufiger gekauft und verkauft werden, ohne ihren Preis signifikant zu beeinflussen. Ein großes Transaktionsvolumen erleichtert es den Händlern, in und aus Geschäften auszusteigen, da Daytrading-Strategien auf genaues Timing und Schnelligkeit basieren. Auch die Tiefe ist wichtig, da sie zeigt, wie liquide Aktien zu verschiedenen Preispunkten unter oder über dem aktuellen Marktangebot und -gebot sind.

Zusätzlich werden in Aktien mit höherer Volatilität auch Daytrading-Strategien angewendet. Wenn das Unternehmen, das eine Aktie besitzt, häufige Cashflow-Schwankungen aufweist, gilt diese Aktie als volatil. Die Unsicherheit am Finanzmarkt bietet Daytradern viele Möglichkeiten. Online-Finanzplattformen wie Google Finance und Yahoo Finance bieten den ganzen Tag über sehr dynamische und liquide Aktien. Diese Informationen sind auch auf anderen Online-Broker-Websites verfügbar.

Berücksichtigen Sie Ihre persönlichen Umstände.

Da es keine universell anwendbare Antwort für den Finanzmarkt gibt, müssen die von Ihnen gewählten Aktien mit Ihren Zielen und Ihrer speziellen Situation im Einklang stehen. Ihre finanzielle Situation, Risikotoleranz und die Art der beabsichtigten Investition müssen alle berücksichtigt werden. Lassen Sie uns die Rolle nicht unterschätzen, die die Wissenschaft in all dem gespielt hat. Ihre besten Optionen sind, die Finanzen konkurrierender Unternehmen zu recherchieren, den Markt zu studieren, über die

Sektoren nachzudenken, die am besten zu Ihren
Ansichten, Ihrer Persönlichkeit und Ihren
persönlichen Bedürfnissen passen, und daran
denken, früh anzufangen. Sie müssen sich über
Marktmöglichkeiten im Klaren sein und über
die Zeitmanagement-Fähigkeiten verfügen, um
sie zu verfolgen. Beim Daytrading sollten Sie
Ihre Emotionen aus einem bestimmten
Vermögenswert heraushalten. Um Ihre Verluste
zu begrenzen und Ihre Gewinne zu steigern,
sollten Sie im Kopf behalten, dass Sie nach
Mustern suchen, um den besten Zeitpunkt für
Ein- oder Ausstiege zu bestimmen. Sie müssen
auch über die Berichtssaison und den
Wirtschaftskalender informiert sein, auch wenn
Sie nicht an Ihren Computer gefesselt sein
müssen. Dies wird Ihnen helfen, zu entscheiden,

welche Aktien am besten für das Daytrading geeignet sind.

Das Internet.

Aufgrund der Existenz mehrerer Online-Medienunternehmen mit erheblichem Handelsvolumen wie Facebook und LinkedIn ist diese Branche auch ein potenzielles Ziel für Daytrader.

Die Möglichkeit für diese Social-Media-Unternehmen, ihre bedeutenden Nutzerbasen als langfristige Einnahmequelle zu nutzen, wurde ebenfalls in mehreren Diskussionen erörtert. Obwohl der Barwert des Unternehmens, das die Aktien ausgegeben hat, im Aktienkurs reflektiert werden sollte, berücksichtigen die heutigen Werte auch die zukünftigen Gewinnprognosen der Unternehmen. Nach Meinung einiger Analysten hat dies zu einer höheren Aktienbewertung geführt, als es die Fundamentaldaten rechtfertigen würden. Social Media ist jedoch immer noch eine beliebte Aktienoption für das Daytrading.

Dienstleistungen der Finanzbranche.

Darüber hinaus eignen sich Aktien im Finanzdienstleistungssektor hervorragend für das Daytrading. Zum Beispiel ist eine der am häufigsten gehandelten Aktien in jeder Handelssitzung die Bank of America. Wenn Sie nach einer Unternehmensaktie für das Daytrading suchen, sollten Bank of America-

Aktien trotz des wachsenden Misstrauens, dem die Bankenbranche gegenübersteht, zu Ihren Top-Auswahlen gehören. Bank of America ist aufgrund ihres hohen Handelsvolumens eine liquide Aktie. Ebenfalls betroffen sind Morgan Stanley, Citigroup, JP Morgan & Chase und Wells Fargo. Sie alle haben mit sehr turbulenten und unvorhersehbaren Arbeitsbedingungen zu kämpfen.

Erweiterung Ihres geografischen Bereichs.

Um erfolgreich in den Finanzmarkt zu investieren, müssen Sie Ihr Portfolio diversifizieren. Schauen Sie sich die Aktien an, die an verschiedenen Börsen gelistet sind, wie zum Beispiel an der London Stock Exchange (LSE) oder der Hong Kong Stock Exchange

(Hong Kong Stock Exchange). Durch die internationale Erweiterung Ihres Portfolios können Sie potenziell kostengünstigere Alternativen und ausländische Aktien erhalten.

Mittlere bis hohe Volatilitätsniveaus sind vorhanden.

Ein Daytrader muss in der Lage sein, Preisbewegungen zu verstehen, um Geld zu verdienen. Als Daytrader haben Sie die Möglichkeit, zwischen Aktien zu wählen, die sich prozentual signifikant bewegen, und Aktien, die in Dollarbeträgen signifikant bewegt werden, da diese beiden Begriffe oft unterschiedliche Ergebnisse liefern. Aktien mit täglichen Bewegungen von 3 Prozent oder mehr sehen oft erhebliche intraday Schwankungen im

149

Preis. Das gilt auch für Aktien, die täglich mehr als 1,50 Dollar Volumenbewegung haben.

Mitglieder der Gruppe folgen.

Die Mehrheit der Trader investiert gerne in Unternehmen, die sich im Gleichklang mit ihrem Index und Sektor bewegen, auch wenn andere Trader sich auf konträre Wetten spezialisieren. Dies bedeutet, dass der Preis bestimmter Firmen steigt, wenn der Wert des Sektors oder Index steigt. Dies ist entscheidend, wenn ein Trader täglich die stärksten oder schwächsten Aktien handeln möchte. Es ist wichtig, sich auf diese Aktie zu konzentrieren und nicht darauf, ob sie mit etwas anderem übereinstimmt, wenn ein Trader jeden Tag dieselbe Aktie handeln möchte.

Strategien für Ein- und Ausstieg

Nach Ihrer Auswahl der besten Aktien der Welt bestimmt Ihre Handelsstrategie, ob Sie von ihnen profitieren oder nicht. Es gibt viele Daytrading-Strategien, aber um Ihre Erfolgschancen zu erhöhen, müssen Sie bestimmte Standards einhalten und auf bestimmte intraday Handelsindikatoren achten.

Nachfolgend erläutere ich fünf dieser Anforderungen:

Handeln Sie schwache Aktien während Abwärtstrends und starke während Aufwärtstrends.

Die meisten Trader suchen nach ETFs oder Aktien, die eine moderate bis hohe Korrelation mit den NASDAQ- oder S&P 500-Indizes haben, um die besten Aktien für das Daytrading zu finden, und trennen dann die Starken von den Schwachen. Daytrader können von dieser Situation profitieren, da die starke Aktie das Potenzial hat, um 2% zu steigen, wenn der Index um 1% steigt. Die Möglichkeit für Daytrader steigt mit dem Schwankungsniveau einer Aktie.

Wenn Markt-Futures oder Indizes steigen, sollten Trader Aktien kaufen, die einen stärkeren Aufwärtstrend haben. Eine starke Aktie wird auch bei einem Rückgang der Futures kaum oder gar keine Korrektur erleben. Dies sind die Aktien, die gehandelt werden sollten, wenn der Markt steigt, da sie mehr Profitpotential bieten.

Das Leerverkaufen von Aktien, die schneller fallen als der Markt, kann bei sinkenden Futures oder Indizes profitabel sein. Während sich ETFs und Aktien, die besser oder schlechter als der Markt abschneiden, täglich ändern können, können bestimmte Branchen über längere Zeiträume relativ stark oder schwach bleiben. Wählen Sie beim Auswählen einer Aktie zum Handeln diejenige, die stärker ist. Die gleiche Beschränkung gilt auch für Leerverkäufe. Um Ihre Gewinnchancen zu erhöhen, wenn die Preise als Leerverkäufer fallen, sollten Sie die schwächsten ETFs und Aktien identifizieren.

Handeln Sie nur innerhalb des vorherrschenden intraday Trends.

Es ist Ihre Aufgabe als Trader, die Wellen zu

reiten, die der Handelsmarkt kontinuierlich erzeugt. Sie sollten sich darauf konzentrieren, während eines Aufwärtstrends Long-Positionen einzunehmen, während Sie sich während eines Abwärtstrends auf das Eingehen von Short-Positionen konzentrieren sollten. Wir haben gezeigt, dass intraday Trends nicht ewig dauern, obwohl Sie möglicherweise einmal oder öfter handeln, bevor sich der Trend ändert. Wenn der Haupttrend sich ändert, sollten Sie mit dem Handel in Richtung des neuen Trends beginnen. Trendlinien können einfache und effiziente Einstiegs- und Stop-Loss-Strategien bieten, obwohl es schwierig sein kann, den Trend zu erkennen.

Nehmen Sie sich Zeit, verfolgen Sie den Rückgang, bitte.

Trendlinien, die anzeigen, wo Preiswellen beginnen und enden werden, dienen als visueller Hinweis. Daher können Sie eine Trendlinie verwenden, um sich frühzeitig der nächsten Preiswelle anzuschließen, wenn Sie Aktien für das Daytrading auswählen. Wenn Sie eine Long-Position eingehen, seien Sie geduldig und warten Sie darauf, dass der Preis erst fällt und dann wieder um die Trendlinie steigt. Um eine Aufwärtstrendlinie zu bilden, muss zuerst ein Preis-Tief auftreten, bevor ein höheres Preis-Tief existieren kann. Eine Linie, die nach rechts verlängert wird, verbindet die beiden Orte. Dasselbe Prinzip gilt für Leerverkäufe. Warten Sie darauf, dass der Preis die abwärts geneigte Linie erreicht, bevor Sie eingeben, wenn die Aktie zu sinken beginnt. Profitieren

155

Sie regelmäßig.

Als Daytrader haben Sie nur begrenzt Zeit, Geld zu verdienen, daher sollten Sie so wenig Zeit wie möglich für Trades verschwenden, die Verluste verursachen oder sich gegen Sie bewegen. Ich werde zwei einfache Standards für Gewinnmitnahmen während des Trendhandels demonstrieren:

Wenn Sie sich in einer Short-Position oder einem Abwärtstrend befinden, nehmen Sie Gewinne direkt unter oder am vorherigen Preis-Tief im aktuellen Trend.

Wenn Sie sich in einer Long-Position oder einem Aufwärtstrend befinden, nehmen Sie Gewinne direkt über oder am vorherigen Preis-Hoch.

Vermeiden Sie das Spielen, wenn der Markt stagniert.

Ein Trend wird nicht immer vom Markt verfolgt. Da intraday-Muster so unberechenbar sein können, kann es schwierig sein, langfristige Trends zu identifizieren. Stellen Sie sicher, dass intraday-Schwankungen groß genug sind, um die Gewinnchancen zu erhöhen, während das Risiko von Verlusten minimiert wird, wenn es keine signifikanten Tiefs oder Hochs gibt. Wenn Sie die oben genannten Richtlinien befolgen und 0,15 US-Dollar pro Aktie investieren, sollte sich der EFT oder die Aktie genug bewegen, um einen Gewinn von mindestens 0,20 bis 0,25 US-Dollar zu erzielen. Wenn der Preis nicht im Trend liegt, wechseln Sie zu einer Bereichsgebundenen

157

Handelsmethode (d. h. Bewegung in einem Bereich). Anstelle einer geneigten Linie während eines Bereichs haben Sie jedoch eine horizontale Linie. Die grundlegende Strategie ist jedoch dieselbe: Kaufen Sie, sobald der Preis die untere horizontale Unterstützungszone durchbricht, und setzt dann seinen Aufwärtstrend fort. Wenn der Preis die obere horizontale Linie (Widerstand) überquert und zu sinken beginnt, ist es Zeit für Leerverkäufe.

Als Kaufstrategie sollten Sie in der Nähe des oberen Bereichs, jedoch nicht genau oben, aussteigen. Ihre Leerverkaufsstrategie sollte darauf abzielen, am unteren Ende des Bereichs, jedoch nicht genau am Boden, auszusteigen. Die Wahrscheinlichkeit, Geld zu verdienen, sollte größer sein als das Risiko, es zu verlieren.

Setzen Sie einen Stop-Loss knapp über dem letzten Hoch, bevor Sie ein Verkaufssignal eingeben, und einen Stop-Loss knapp unter dem letzten Tief, bevor Sie ein Kaufsignal eingeben.

Weil es für einige Trader möglicherweise schwierig ist, zwischen Bereichs- und Trendhandel zu wechseln, entscheiden sie sich möglicherweise dafür, nur einen zu wählen. Wenn Sie den Bereichshandel mögen, meiden Sie den Handel während Trends und konzentrieren Sie sich auf ETFs oder Aktien, die dazu neigen, sich zu bewegen. Bei Trendhandel sollten Sie jedoch den Handel während Marktbewegungen vermeiden und sich stattdessen auf den Handel mit ETFs oder Aktien konzentrieren, die das Potenzial zum Trend haben.

159

Kapitel Fünf

Handelspläne

Beim Handel geht es nicht nur darum, Aktien zufällig zu wählen, um sie zu halten, long oder short zu verkaufen. Die Mehrheit der erfolgreichen Wirtschaftsakteure verlässt sich auf eine Handelsstrategie, um von ihrer Handelsaktivität zu profitieren. Tatsächlich ist es für jeden Trader unmöglich, über einen längeren Zeitraum hinweg konsistent Gewinne zu erzielen, ohne einen disziplinierten Ansatz beim Handel zu verfolgen. Die Welt des Handels bietet eine Vielzahl von Handelsstrategien. Selbst Anfänger können bestimmte Handelsmethoden verwenden, da sie so unkompliziert sind. Der Einsatz von technischen Tools und Software verdeutlicht, wie anspruchsvoll alternative Methoden sind. In diesem Kapitel werden mehrere grundlegende Handelstechniken erläutert, die der durchschnittliche Wirtschaftsakteur verwenden kann. Trader verwenden diese Sammlung von Richtlinien, um zu entscheiden, wann sie in Trades ein- und aussteigen sollen. Ein Beispiel für eine Handelsstrategie lautet wie folgt: Handelssysteme werden sowohl mit Handelsfiltern als auch mit Handelsauslösern ausgeführt. Bevor ein Vermögenswert in die Watchlist eines Traders aufgenommen und für eine Transaktion in Betracht gezogen wird, müssen bestimmte Kriterien erfüllt sein, die als Handelsfilter bekannt sind. Wenn ein Handel ausgeführt wird, wird ein Datum und eine

161

Zeitstempel, der als "Handelsauslöser" bekannt ist, angewendet. Regeln für den Eintritt, den Ausstieg, das Risikomanagement und die Positionsgröße sollten in jedem Handelssystem enthalten sein. Vorschriften sollten in jeden Handelsplan aufgenommen werden. Einstiege sind die Punkte, an denen der Trader sich entschieden hat, Trades einzugeben. Sie können auf verschiedene Arten angeordnet sein. Ein Trader könnte beispielsweise eine Einstiegsposition zum Eröffnungspreis und eine Ausstiegsposition zum Schlusskurs festlegen, während der Markt geöffnet ist. Wenn ein Chartmuster bestätigt ist, kann der Trader eine Einstiegsposition als die erste oder zweite Kerze festlegen, die mit dem identifizierten Muster kompatibel ist. Ausstiege können

Positionen festlegen, die einen Verlust begrenzen, oder Positionen, die einen profitablen Handel nach einem bestimmten Gewinn schließen würden. Jede Handelsstrategie birgt ein gewisses Risiko, da ein Marktteilnehmer immer Geld verlieren kann. Die effektivsten Handelsstrategien sind diejenigen, die den Geldverlust minimieren, wenn Verluste auftreten. Das schließt jedoch nicht die Möglichkeit eines vollständigen Verlusts aus. Stattdessen ermöglicht es dem Trader, schnell aufzuhören, Geld zu verlieren, und zum nächsten Geschäft überzugehen. Die Positionsgröße bezieht sich auf die Anzahl der Aktien oder Futures-Kontrakte, die ein Marktteilnehmer bei jeder Transaktion riskieren möchte. Dies hängt davon ab, wie viel

Handelskapital der spezifische Marktteilnehmer hat. Die Tabelle oben zeigt, dass Abkommen mit höherem Handelskapital fast immer zu höheren Gewinnen führen als solche mit kleinerem Handelskapital. Handelsmethoden können neben den grundlegenden Richtlinien auch auf andere Weise kategorisiert werden. Zu den vielen Arten von Handelsmethoden gehören Crossovers, Momentum, Volatilitätsausbrüche, Umkehrungen, Event-Trading und Heikin-Ashi. Crossovers. Wenn der Preis oder der gleitende Durchschnitt eines Vermögenswerts von einer Seite eines längeren gleitenden Durchschnitts auf die andere Seite des längeren gleitenden Durchschnitts wechselt, anstatt auf die andere Seite eines kürzeren gleitenden Durchschnitts, spricht man von einem Crossover und dies bildet die Grundlage einer grundlegenden Handelstechnik. Die beiden Hauptkategorien von Crossover-Handelsmethoden sind Preis-Crossover-Strategien und gleitende Durchschnitts-Crossover-Strategien. Der Preis eines Vermögenswerts gilt als überschritten, wenn er über seinen gleitenden Durchschnitt steigt oder fällt (oder darunter fällt). Stellen Sie sich eine Situation vor, in der der Preis eines Vermögenswerts unter seinem 5-Tage-Durchschnitt eröffnet wurde. Die Situation ist laut Experten deprimierend. Die Preisüberschreitungsmethode wird angewendet, wenn der Preis eines Vermögenswerts plötzlich steigt und über seinem fünftägigen gleitenden Durchschnitt liegt. Verwenden Sie einen gleitenden Durchschnitt Ein Crossover erfolgt, wenn der gleitende Durchschnitt eines Vermögenswerts über den gleitenden Durchschnitt eines anderen Vermögenswerts mit längerer Dauer hinweg wechselt. Berücksichtigen Sie das Szenario, in dem der 5-Tage-Durchschnitt eines Vermögenswerts niedriger war als sein 10-Tage-Durchschnitt. Stellen Sie sich nun vor, dass der Wert des Vermögenswerts erheblich steigt und den Wert des 5-Tage-Durchschnitts erhöht. Wenn zu einem bestimmten Zeitpunkt der 5-Tage-Durchschnitt größer ist als der 10-Tage-Durchschnitt, handelt es sich um einen gleitenden Durchschnitts-Crossover. Crossovers sind ein Werkzeug, das von Tradern verwendet wird, um Änderungen in der Richtung eines Trends zu identifizieren. Sie können dazu

166

verwendet werden, festzustellen, ob der Preis eines Vermögenswerts eine Barriere oder Unterstützung durchbricht, was auf den Beginn eines neuen Aufwärtstrends oder eines Abwärtstrends hindeutet. Gleitende Durchschnitts-Crossovers treten nicht so oft auf wie Preis-Crossovers. Sie können dennoch Händlern falsche Informationen liefern. Weil Unterstützungs- und Widerstandsebenen möglicherweise nicht verletzt werden, könnten Trader, die die Preisüberschreitungsmethoden verwenden, um Ausbrüche zu suchen, irreführende Trends feststellen. Obwohl hochvolatile Vermögenswerte oft über kurze gleitende Durchschnitte kreuzen, bedeutet dies nicht immer den Beginn eines Aufwärts- oder Abwärtstrends im Preis des Vermögenswerts.

Crossovers zwischen bullischen und bearischen Trends sind ebenfalls möglich. Ein bullisches Crossing tritt auf, wenn der Preis (oder der kurze gleitende Durchschnitt) für eine längere Zeit über dem gleitenden Durchschnitt liegt (oder dem längeren gleitenden Durchschnitt). Es kennzeichnet den Beginn eines Aufwärtstrends. Trader oder Investoren können Long-Positionen auf dem Markt eingehen. Ein bullisches Crossing wird als Goldenes Kreuz symbolisiert. Es tritt auf, wenn der technische Indikator, der als 50-Tage-Durchschnitt bezeichnet wird, über dem langfristigen 200-Tage-Durchschnitt liegt. Wenn der Preis (oder der kurze gleitende Durchschnitt) im technischen Sinne unter den gleitenden Durchschnitt fällt, wird dies als bearishes

Crossing bezeichnet (oder der längere gleitende Durchschnitt). Ein Abwärtstrend beginnt, wenn es ein bearishes Crossing gibt. Trader und Investoren haben die Möglichkeit, ihre zuvor gehaltenen Long-Positionen zu liquidieren oder zu verkürzen. Ein bearishes Crossing wird als Todeskreuz bezeichnet. Es wird als bärisch betrachtet, wenn der kurzfristige gleitende Durchschnitt (50-Tage-Durchschnitt) unter den langfristigen gleitenden Durchschnitt (200-Tage-Durchschnitt) fällt. Trader und Investoren verwenden oft mehrere gleitende Durchschnitte, um Trends zu identifizieren. Ein Investor könnte diese Informationen nutzen, um eine Entscheidung zu treffen, wenn ein 50-Tage-Durchschnitt einen 100-Tage-Durchschnitt oder einen 50-Tage-Durchschnitt einen 200-Tage-

Durchschnitt kreuzt. Da sich zuerst ein Trend entwickeln muss, bevor ein gleitender Durchschnitts-Crossover erfolgen kann, ist es wichtig zu beachten, dass die spätere gleitende Durchschnitts-Crossover-Strategie als Trendindikator fungieren würde. Darüber hinaus übertrifft der längere gleitende Durchschnitts-Crossover kürzere gleitende Durchschnitts-Crossovers als Indikatoren für langfristige Trends. Im Vergleich zu anderen Indikatoren sind Crossovers genauer bei der Vorhersage kurzfristiger Trends. Ein Investor, der sich um die langfristige Zukunft des Marktes sorgt, könnte an Crossover-Methoden mit langer Laufzeit interessiert sein. Diese Trader verwenden gleitende Durchschnitts-Crossover-Strategien, die Zeit benötigen, um auf plötzliche Veränderungen im Preis des Marktes zu reagieren. Ein Crossover von zwei gleitenden Durchschnitten, wie zum Beispiel ein 50-Tage-Durchschnitt, der einen 200-Tage-Durchschnitt überschreitet oder ein 100-Tage-Durchschnitt, der einen 200-Tage-Durchschnitt überschreitet, könnte für einen Investor von Interesse sein. Gleitende Durchschnitte mit begrenztem Zeithorizont könnten für Daytrader attraktiv sein. Daytrader könnten Crossovers wie einen 5-Minuten-Durchschnitt, der einen 10-Minuten-Durchschnitt überschreitet, und einen 10-Minuten-Durchschnitt, der einen 15-Minuten-Durchschnitt überschreitet, verwenden. Trader können dies nutzen, um sofortige Signale zu erhalten, ob sie Positionen betreten oder verlassen sollen. Die ideale Länge für einen gleitenden Durchschnitt existiert nicht. Die Auswahl und Verwendung eines gleitenden Durchschnitts durch einen Trader oder Investor hängt von seiner Handelsstrategie, seinem Risikotoleranzniveau und seinem Zeitrahmen für das Halten des relevanten Vermögenswerts ab. Trader und Investoren können neben Crossovers auch Filter verwenden, um Muster zu bestätigen und zu entscheiden, ob sie an einer Handelssitzung teilnehmen oder sie verlassen sollen. Wenn ein Investor beispielsweise einen 10-Tage-Durchschnitt über einen 50-Tage-Durchschnitt handeln möchte, würde der Investor mit dem Handel warten, bis der 10-Tage-Durchschnitt mindestens 10% höher ist als der 50-Tage-Durchschnitt. Die Überprüfung des Crossovers und Filters reduziert die Anzahl der falschen Signale. Der Nachteil von Filtern besteht darin, dass sie Trends erst erkennen, nachdem sie bereits aufgetreten sind, was bedeutet, dass der Investor einen Teil seiner potenziellen Gewinne verpassen kann. Im vorherigen Abschnitt wurden Beispiele für den einfachen gleitenden Durchschnitt verwendet, aber ein Trader könnte stattdessen exponentiell gewichtete gleitende Durchschnitte verwenden wollen. Der Trader muss zunächst feststellen, wie viel Toleranz er für falsche Signale hat, bevor er entscheidet, welche Art von gleitendem Durchschnitt er verwenden möchte. Technische Indikatoren wie Bollinger-Bänder und gleitende Durchschnittsumhüllungen werden ebenfalls häufig verwendet.

173

Eine Art von Handelsstrategie, die gleitende Durchschnitte als Handlungstaktik verwendet, ist als gleitende Durchschnitts-Envelopes bekannt. Um Unterstützungs- und Widerstandsniveaus zu bestimmen, muss ein Konfidenzintervall (zum Beispiel ein 10%iges Konfidenzintervall) um einen mittelfristigen gleitenden Durchschnitt (zum Beispiel einen 25-Tage-Durchschnitt) erstellt werden. Investoren oder Trader erhalten Benachrichtigungen, wann immer sich der Preis eines Vermögenswerts um mehr als diesen Konfidenzgrad (5%) in irgendeine Richtung ändert. Betrachten Sie das folgende Szenario: Der Preis eines Vermögenswerts fiel unter 10% seines 25-Tage-Durchschnitts. Dies informiert den Investor darüber, dass der Preis des Vermögenswerts die

Unterstützung durchbrochen hat und wahrscheinlich in Kürze weiter sinken wird.

Die gleitende Durchschnitts-Envelopes können in Verbindung mit oder anstelle eines Bollinger-Bandes verwendet werden. Ein Investor könnte annehmen, dass ein Aufwärtstrend begonnen hat und der Preis des Vermögenswerts den Widerstand durchbrochen hat, wenn der Preis des Vermögenswerts um mehr als eine Standardabweichung von seinem gleitenden Durchschnitt abweicht. Der Trader oder Investor hat dann die Möglichkeit, eine Long-Position in dem Vermögenswert einzunehmen.

Momentum. Der Handel mit Aktien, die sich schnell in eine Richtung mit großem Volumen bewegen, wird als Momentum-Trading bezeichnet. Ein Investor verwendet technische Analyse, um die allgemeine Richtung des Marktes zu bestimmen, bevor er eine Position einnimmt, die es ihm ermöglichen würde, einen Gewinn zu erzielen. Ein Trader wird eine Long-Position eröffnen, wenn er einen positiven Trend sieht, um von dem Momentum zu profitieren. Außerdem wird der Trader, wenn sich ein bärischer Trend entwickelt, die Aktien leerverkaufen, um seine Verluste auszugleichen und später im Handelszyklus Geld zu verdienen.

Der Aktienkurs muss eine der beiden Ebenen von Unterstützung oder Widerstand überschreiten, um die Handelsbedingung zu erfüllen. Die Aktie sollte mit einer sehr großen Anzahl von Trades beginnen. Ein Aktienkurs, der auf einem neuen Hoch gehandelt wird, kann ein Zeichen für einen Aufwärtsausbruch am Markt sein. Ähnlich wie im letzten Beispiel könnte ein neues Tief im Aktienkurs auf einen negativen Ausbruch am Aktienmarkt hindeuten. Fortgeschrittene Trader können ökonometrische Methoden oder Computerwerkzeuge verwenden, um Unterstützungs- und Widerstandsniveaus sowie Ausbrüche zu bestimmen, um Gewinne zu maximieren. Obwohl solche anspruchsvollen Techniken über den Rahmen dieser Forschung hinausgehen, ist dieses Buch für neue Trader gedacht, die durch Fehler Erfahrungen sammeln möchten.

Alternativ kann ein Trader seine eigenen Richtlinien entwickeln, um die Wirksamkeit des Momentum-Handels zu steigern. Ein Trader könnte die jüngste Kerze benötigen, um auszubrechen und ein neues Hoch über den vorherigen "N" Kerzen zu erreichen, um eine Long-Position in einem bestimmten Unternehmen zu eröffnen. Wenn die neueste Kerze das Hoch der vorherigen fünf Kerzen durchbricht, erhält der Trader ein Kaufsignal auf seinem Computerbildschirm, wenn der Wert von "N" auf 5 eingestellt ist.

Ein weiteres Beispiel für Anforderungen zur Entwicklung eines Kaufsignals ist die Anforderung eines Traders, dass die zweite Kerze vor der Signalgebung außerhalb der Bollinger-Bänder liegen muss. Jede Bewegung außerhalb der Bollinger-Bänder kann als Preisausbruch betrachtet werden, da sich die meisten Aktienkursbewegungen innerhalb der

Bänder ereignen.

Drittens könnte ein Trader benötigen, dass die jüngste Kerze um mindestens "X" Prozent der vorherigen "N" Kerzen wächst und dass der höchste Punkt der jüngsten Kerze höher ist als der höchste Punkt der vorherigen 2N Balken, um einen profitablen Handel abzuschließen. Wenn die neueste geschlossene Kerze um mehr als 0,5 Prozent über den vorherigen drei geschlossenen Kerzen steigt und der Höchststand der neuesten geschlossenen Kerze höher ist als die Höchststände der vorherigen sechs Balken, kann der Trader eine Long-Position beginnen. Der Trader kann mehrere Zahlen für "X" und "N" testen und nach Durchführung von Tests die Optionen auswählen, die zu den profitabelsten Geschäften

179

führen.

Zunahmen im Handelsvolumen können ebenfalls zum Erfolg der zuvor genannten Handelsregelungen beitragen. Der Trader könnte zusätzlich zu Änderungen des Aktienkurses einen Anstieg des Handelsvolumens von mindestens 'X' Prozent benötigen, um Gewinn zu erzielen. Der Trader kann ein relatives Volumen von mindestens 2 benötigen, um die Wiederaufnahme des Momentum zu unterstützen. Diese Methode macht Sinn, da das Handelsvolumen gleichzeitig mit dem Aufkommen neuer Trends zunehmen sollte.

Darüber hinaus suchen Daytrader nach parabolischen Bewegungen. Eine parabolische

Bewegung im Aktienkurs ist eine exponentielle Veränderung (entweder ein Anstieg oder ein Rückgang). Es ist möglich, dass eine Aktie parabolische Sprünge aufgrund ihrer Reaktion auf Nachrichten macht. Als Reaktion auf positive Nachrichten über die Verkaufs- und Rentabilität eines Unternehmens sollten die Aktienkurse steigen. Es ist wahrscheinlicher, dass schlechte Nachrichten über die Rentabilität oder den Ruf eines Unternehmens den Aktienkurs senken.

Schwankungen in der Volatilität Eine Handelstechnik, die als Volatilitätsausbruch bekannt ist, beinhaltet den Handel mit Aufwärts- und Abwärtsausbrüchen. Ein Ausbruch basiert auf der Idee, dass der Markt, wenn er sich um einen bestimmten Betrag bewegt, Unterstützung oder Widerstand überwinden wird.

Um von einem Ausbruch zu profitieren, sollte die Herangehensweise eines Traders Bedingungen enthalten, die erfüllt sein müssen, bevor ein Handel als eröffnet markiert wird. Zum Beispiel könnte der Trader mindestens drei (3) 5-Minuten-Kerzen benötigen, um den Widerstand zu brechen, und ein relatives Volumen von mehr als zwei, um Long zu gehen (2). Eine Begrenzung der Positionsgröße (sagen wir 5% des Gesamtkapitals) und ein Verfahren zur Beendigung der Transaktion können ebenfalls in die Lösung aufgenommen werden (zum Beispiel das Schließen der Order nach der ersten 1-Minuten-Kerze, um einen Rückgang nach Erreichen eines Gewinns von mindestens

182

15 Prozent zu machen).

Volatilitätsausbrüche können ebenso wie andere Handelsstrategien zu Gewinnen oder Verlusten führen. Ein Trader riskiert, Geld zu verlieren, wenn er glaubt, dass die Signale falsch sind. Falls eine 1-Minuten-Kerze 10% über dem Widerstand steigt und als Durchbruch betrachtet wird, kann ein Trader in den Markt eintreten und davon profitieren. Auf der anderen Seite könnte sich der Preis des Artikels ändern. Der Trader hat einen Fehler gemacht, indem er Long gegangen ist, und könnte viel Geld verlieren.

Aufgrund der Möglichkeit falscher Signale könnten Trader beschließen, verzögerte Indikatoren zu verwenden, um Ausbrüche zu erkennen, um zukünftigen irreführenden

Signalen aus dem Weg zu gehen. Ein exponentiell gewichteter gleitender Durchschnitt könnte beispielsweise benötigt werden, um sowohl Unterstützung als auch Widerstand zu brechen, um das Muster zu bestätigen. Der Nachteil der Verwendung von verzögerten Signalen besteht darin, dass sie ein Muster erst bestätigen, nachdem es bereits beendet ist, was den Trader daran hindert, einen profitablen Handel auszuführen.

Umkehrungen. Eine Handelsstrategie muss Umkehrungen berücksichtigen. Der Trader verwendet technische Analyse, um Marktumkehrungen zu erkennen und anschließend die geeignete Transaktion durchzuführen.

Eine effektive Methode zur Identifizierung von Marktumkehrungen ist der Relative Strength Index (RSI). Darüber hinaus wird die Aktie, wie bereits erwähnt, als überkauft betrachtet, wenn der RSI über 80 steigt. Dies könnte darauf hinweisen, dass sich die Position des Traders wahrscheinlich ändern wird. Der Trader, der die Umkehrmethode verwendet, könnte sich entscheiden, das Vermögen leer zu verkaufen. Ähnlich dazu wird eine Aktie als überverkauft betrachtet, wenn ihr RSI unter 20 fällt. Die Alternative wäre, dass ein Trader das Produkt kauft und es später verkauft.

Vorsichtige Trader könnten beschließen, ihre eigenen strengeren Kriterien bei Handelsumkehrungen zu schaffen. Wenn Sie beispielsweise entscheiden möchten, ob Sie

Long oder Short gehen sollen, können Sie dies mit dem RSI tun. Ein Trader kann dies durch die Suche nach mindestens einer Kerze ergänzen, die sich nach etwa drei aufeinander folgenden 5-Minuten-Kerzen derselben Farbe gegen Widerstand oder Unterstützung umkehrt. Um die Gewinnmargen beim Handeln von Umkehrungen zu erhöhen, sollte der Trader versuchen, die Aktien so nahe wie möglich an Unterstützung oder Widerstand zu erfassen.

Handel bei Lebensereignissen. Aktienkurse können durch Nachrichten über die Rentabilität eines Unternehmens, operationelle Probleme, operationelle Stabilität und Skandale beeinflusst werden. Makroökonomische Nachrichten, die die finanzielle Situation eines Unternehmens beeinflussen, können sich auf den Aktienkurs dieses Unternehmens auswirken.

Zum Beispiel reagieren Währungspaare im Devisenmarkt oft auf wichtige wirtschaftliche Nachrichten. Die meisten Wirtschaftsnachrichten aus industrialisierten und wichtigen Nationen beeinflussen die wichtigsten Währungspaare, aber die Vereinigten Staaten sind die bedeutendste und am meisten verfolgte Nachrichtenquelle (Bauwens et al. 2005; Roache et al. 2010; Lahaye et al. 2011). Dies ist darauf zurückzuführen, dass die USA die größte Volkswirtschaft der Welt haben und der US-Dollar als weltweite Leitwährung dient. Daher verwenden die überwiegende Mehrheit der internationalen Transaktionen den US-Dollar.

Wirtschaftliches Wachstum, Inflation und der Repo-Zinssatz der Federal Reserve (Zentralbank) sind nur einige Beispiele für US-Wirtschaftsdaten, die Auswirkungen auf Marktspekulationen und die Schwankung des US-Dollars im Vergleich zu anderen Ländern haben können. Darüber hinaus können Informationen über weltweite Ereignisse wie Kriege, Naturkatastrophen, politische Turbulenzen und Präsidentschaftswahlen Auswirkungen auf die Dollar-Spekulation haben.

Zum Beispiel betrug die saisonbereinigte Arbeitslosenquote im Mai 2007 in den Vereinigten Staaten 4,4 Prozent. Die Arbeitslosenquote stieg bald darauf im Oktober 2009 auf einen Rekordwert von 10%, als die

188

Vereinigten Staaten von der globalen Finanzkrise und der anschließenden wirtschaftlichen Rezession erschüttert wurden (US BLS 2018). Der Wert des US-Dollars fiel zur gleichen Zeit wie die Arbeitslosigkeit stieg. Der Rückgang des Wertes des US-Dollars gegenüber einer Reihe wichtiger Währungen während des relevanten Zeitraums wurde daher erwartet.

Vor der Veröffentlichung regelmäßiger Wirtschaftsnachrichten kann ein Privathändler, der sich auf Nachrichten konzentrieren möchte, dies tun, indem er auf eine Konsolidierungsphase wartet und dann auf den Ausbruch aus dieser Konsolidierung handelt. Positionen können für kurze Zeit gehalten werden (wie beim Daytrading) oder aufgrund der naturgemäßen Handelsweise von Nachrichten (wie beim Swingtrading) für mehrere Tage.

Bei positiven Nachrichten steigen die Werte von Finanzanlagen (Aktienkurse und Wechselkurspaare), während sie bei negativen Nachrichten fallen. Dies geschieht bei Aktien, wenn viele Händler beschließen, eine Anlage nach positiven Nachrichten zu behalten, eine erhöhte Nachfrage feststellen und einen Preisanstieg sehen. Andererseits veranlasst schlechte Nachrichten Händler dazu, durch Verkürzen von Positionen oder Schließen von Long-Positionen zu reagieren, was die Nachfrage senkt und die Aktienkurse senkt.

Das Handeln als Reaktion auf aktuelle

Nachrichten wird als "Event Trading" bezeichnet. Betrachten Sie den Kauf von Nord Anglia Education Inc., einem Anbieter von internationalen Schulen mit Hauptsitz in Hongkong, durch den Canada Pension Plan Investment Board und Baring Private Equity Asia am Dienstag, dem 25. April 2017, für 4,3 Milliarden US-Dollar. Die Website des Unternehmens besagt, dass am selben Tag um 10:00 Uhr die Aktien von Nord Anglia Education Inc. (NORD) aufgrund der guten Nachrichten über den Kauf um 17,38 Prozent gestiegen waren.

Wenn ein Trader basierend auf Nachrichten eine geeignete Position einnimmt und frühzeitig von der Dynamik profitiert, wird er profitieren. Auf der anderen Seite riskiert ein Trader, der eine falsche Position inmitten ungünstiger Nachrichten einnimmt oder beibehält, erhebliche Verluste. Trader, die ihre Entscheidungen auf unvorhersehbare Ereignisse stützen, haben das Potenzial, viel Geld zu verdienen oder zu verlieren, je nachdem, ob sie die richtige Position wählen.

Insiderhandel tritt auf, wenn Unternehmensbeteiligte Handelsentscheidungen auf Grundlage von Informationen treffen, die der Öffentlichkeit noch nicht zugänglich gemacht wurden. Dieses Verhalten wird in vielen Ländern als unmoralisch und verboten betrachtet.

Bedeutende Nachrichten neigen dazu, den Handel mit betroffenen Aktien,

Währungspaaren und Finanzanlagen zu steigern. Bei der Ankündigung bedeutender Nachrichten neigt die Volatilität auf dem Devisenmarkt dazu, zuzunehmen. Daher versuchen viele Devisenbroker, die Lücke zwischen dem Kauf- und Verkaufspreis zu erweitern.

Während Phasen von nachrichtenbedingter Volatilität können Marktaufträge zu einem Preis ausgeführt werden, der wesentlich vom vom Privathändler geplanten Preis abweicht. Dies kann zu Gewinn- oder Verlustschlupf für gewöhnliche Trader führen.

Heikin-Ashi: Einige Daytrader bevorzugen Heikin-Ashi-Charts für die Mustererkennung gegenüber den gebräuchlicheren Kerzencharts.

Verschiedene Handelsmethoden wie Kreuzungen, Momentum und Umkehrungen können mit Heikin-Ashi-Charts angewendet werden. Die Entscheidung, Heikin-Ashi-Charts zu verwenden, hängt von der Toleranz des Traders für fehlerhafte Signale ab.

Betrachtung der Handelsstrategie: Es ist entscheidend, dass Trader ihre Handelsprozesse bewerten, um deren Effektivität zu prüfen und Verbesserungsmöglichkeiten zu identifizieren. Dazu sollten Trader Informationen wie durchschnittlichen täglichen Gewinn oder Verlust, durchschnittlichen täglichen Gewinn oder Verlust pro Einheit, durchschnittliche Verlustgröße, das durchschnittliche Risiko pro Transaktion und das Verhältnis von Gewinn zu Verlust verfolgen. Zudem sollten sie die

Gesamtanzahl der Rundreisen an einem Tag im Auge behalten.

Eine Handelsstrategie kann nur effektiv bewertet werden, wenn die damit verbundenen Gewinne, Verluste und Risiken genau quantifiziert wurden. Aufgrund ihres durchschnittlichen Gewinns können Privathändler ihre tägliche Rentabilität berechnen. Handelsstrategien sollten angepasst werden, wenn die Gewinne hinter den Erwartungen zurückbleiben oder Verluste auftreten.

Die ideale Halteperiode für den Trader, um die Position vor dem Schließen offen zu halten, wird durch die durchschnittliche Größe des Gewinns bestimmt, und vice versa. Wenn die Geldmenge konstant bleibt, kann die Höhe der

195

Gewinne zeigen, ob der Trader gewinnbringende Positionen zu schnell schließt. Die durchschnittliche Verlustgröße kann auf ähnliche Weise verwendet werden, um festzustellen, ob ein Trader Verlustpositionen übermäßig lange hält. Nachdem sie solche Erkenntnisse gewonnen haben, können Trader ihre Strategie ändern und beschließen, lukrative Positionen für eine längere Zeit zu halten. Um ihre Verluste zu reduzieren, können sie auch einen strengeren Risikomanagementplan verwenden.

Indem ein Trader seine Deals vom vorherigen Tag oder der vorherigen Woche durchgeht und sich die folgenden Fragen stellt, kann er seinen Erfolg im Handel bewerten: Es gab einen Plan für das Eröffnen und Schließen von Jobs, oder?

Wenn ja, wurde er eingehalten? Wenn ja, welche grundlegenden oder technischen analytischen Techniken wurden verwendet, um Handelsentscheidungen zu treffen? Gab es eine gewünschte Anzahl von Gewinnen oder Verlusten? Wurde das Handeln früher oder öfter als erwartet gestoppt? Wurden Verlustpositionen länger gehalten als erwartet? Ist es möglich, dass irgendwelche Handelsentscheidungen von Emotionen beeinflusst wurden? Die Antworten auf die oben genannten einfachen Fragen können aufschlussreiche Informationen darüber liefern, warum ein Trader Geld verliert.

Der Sharpe Ratio und die Monte Carlo-Simulation, die einem Trader zur Verfügung stehen, können verwendet werden, um seine Handelsstrategie genauer zu untersuchen.

197

Solche fortschrittlichen Strategien können von erfahrenen Tradern mit Hintergrund in Finanzwirtschaft verwendet werden, liegen jedoch außerhalb des Rahmens dieses Buches, das sich an Anfänger und unerfahrene Trader richtet.

Es ist äußerst herausfordernd für einen Trader, effizientes Langzeittrading mit einem klaren Ziel und einer erfolgreichen Methode zu betreiben. Der erste Abschnitt dieses Kapitels betrachtete die Schlüsselelemente einer Handelsstrategie. Einstiegs- und Ausstiegsgrenzen, Risikomanagementrichtlinien und Positionsgrößenspezifikationen sind einige davon.

Danach wurden in diesem Kapitel verschiedene einfache Handlungstaktiken untersucht. Die effektivsten Handlungstaktiken stellten sich als Kreuzungen, Momentum und Umkehrhandel heraus. Auf der anderen Seite können Sie Moving Average Envelopes, Bollinger Bands und Heikin-Ashi-Charts verwenden, um die von diesen Indikatoren gelieferten Daten zu ergänzen. Es ist wichtig zu verstehen, dass ein Indikator nicht dasselbe ist wie eine Handelsstrategie, auch wenn Indikatoren im Handel nützlich sein können.

Das letzte Thema, das in diesem Kapitel behandelt wurde, war ein grundlegendes Rahmenwerk zur Bewertung der Leistung implementierter Handelssysteme. Einfache Handelsmethoden sind einfach zu entwickeln, umzusetzen und zu bewerten. Die Kosten sind auch vernünftig. Auf der anderen Seite sind komplexe Verfahren aufgrund des höheren Zeitaufwands und der Anstrengungen, die für Entwicklung, Test und Optimierung erforderlich sind, anspruchsvoller. Dieselbe Idee gilt für Bewertungsverfahren wie für andere Arten von Bewertungen. Wie bereits erwähnt, konzentriert sich dieses Buch auf einfache Strategien, da seine Zielgruppe der erfahrene Leser ist, der sein Finanzverständnis und seine Expertise erweitern möchte.

Kapitel Sechs

Finanzmanagement-Fähigkeiten

In der Welt der Finanzen ist die Idee des Geldmanagements nicht neu. Alles begann, als der Kapitalismus etabliert wurde. Damals kontrollierten private Unternehmenseigentümer die Wirtschaft, sie besaßen ihre eigenen Vermögenswerte und erhielten die Belohnungen. Menschen existieren erst seit etwa 1600 aufgrund ihrer Fähigkeit, Wohlstand zu erlangen. Die heutige Umgebung erfordert die Fähigkeit und den Wunsch, mehr zu sparen und überschüssiges Geld zu investieren.

Der Begriff "Geldmanagement" beschreibt eine Vielzahl von Methoden zur Verwaltung des eigenen Geldes. Alles wird abgedeckt, einschließlich Budgetierung und finanzieller Planung. Zum Geldmanagement gehört der Kauf von Lebensnotwendigkeiten genauso wie

201

die Entwicklung von Strategien. Jemand mit schlechten Geldmanagement-Fähigkeiten und schlechten Planungsfähigkeiten wird nie genug Geld haben.

Es ist ein Muss, Ihre Vermögenswerte und Verpflichtungen zu verstehen, bevor Sie Ihren Weg zu einem besseren Geldmanagement beginnen können. Zu den persönlichen Vermögenswerten und Eigenschaften gehören unter anderem Autos, Häuser, Rentenfonds, Investitionen und Bankkonten. Auf der anderen Seite bestehen persönliche Verbindlichkeiten aus Krediten, Schulden und Hypotheken. Um Ihr Nettovermögen zu berechnen, müssen Sie zwischen Ihren Vermögenswerten und Verpflichtungen unterscheiden können. Wenn Ihre Verpflichtungen Ihre Besitztümer überwiegen, haben Sie ein niedrigeres Nettovermögen. Wenn Sie gut darin sind, Ihr Geld zu verwalten, können Sie dies vermeiden.

Die Festlegung finanzieller Ziele ist vorteilhaft. Ohne Ziele werden Sie sich auf das tägliche Rechnungsmanagement konzentrieren, was Ihre langfristigen Ambitionen untergraben wird. Die Festlegung von Zielen ermöglicht es Ihnen, zu identifizieren, welche Ausgaben erforderlich sind und welche gekürzt werden können. Wenn Sie beispielsweise ein Auto im Wert von 30.000 US-Dollar kaufen möchten, kann eines Ihrer Ziele sein, Ihre Ausgaben zu reduzieren. Ist es nicht ähnlich wie bei jemandem, der ein Auto im Wert von 20.000 US-Dollar kaufen möchte?

Nachdem Sie Ihre Planung abgeschlossen und

Ihre Ziele festgelegt haben, können Sie mit Ihrem Budget beginnen. Ein Budget ist ein Werkzeug, das Ihnen helfen kann, Ihr Geld gut zu verwalten. Es ist eine Schätzung des Einkommens für einen bestimmten Zeitraum. Wenn Sie ein Budget einhalten, können Sie Geld sparen und impulsive Einkäufe vermeiden. Ein vernünftiges Budget könnte beispielsweise eine Zuweisung von 250 US-Dollar pro Monat für Unterhaltung und andere Ausgaben nach Feststellung der Grundbedürfnisse beinhalten. Wenn Ihr Gehalt steigt, sparen Sie das zusätzliche Geld, anstatt Ihr Ausgabenbudget zu erhöhen.

Beim Budgetieren müssen Sie viele Konten im Auge behalten. Sie können beispielsweise Sparkonten und einen Notfallfonds haben. Dies verhindert, dass Sie der Versuchung nachgeben, impulsive Einkäufe zu tätigen. Mischen Sie Ihr Rentengeld nicht mit anderen Investitionen. Es gibt verschiedene Programme, die Ihnen bei der Verwaltung Ihrer Finanzen helfen können. Geldmanagement-Software wie Quicken hilft Ihnen, alle Ihre verschiedenen Konten im Blick zu behalten und sicherzustellen, dass Ihre Ausgaben- und Sparziele erreicht werden.

Die Analyse, Planung und Umsetzung eines Finanzportfolios sind alles Aspekte des Geldmanagements. Steuern, Ersparnisse, Bankwesen und andere Arten von Investitionen sind alle Bestandteile des Finanzportfolios. Die Finanzen Ihres Unternehmens können von einer Reihe von wirtschaftlichen und geschäftlichen Verwaltungsfaktoren beeinflusst werden. Eine der wichtigsten Geldmanagement-Fähigkeiten ist die Fähigkeit, auf alle Aspekte Ihrer finanziellen Situation zuzugreifen und diese zu verwalten.

Wenn Sie Ihr Geld gut verwalten, können Sie Ihre Ziele erreichen. Ich möchte ein schuldenfreies Leben führen und ein Haus kaufen, ohne auf Studiendarlehen angewiesen zu sein. Verbessern Sie Ihren Plan zur Bewältigung von unvorhergesehenen Umständen, die sich auf Ihre Finanzen auswirken könnten, wie beispielsweise Arbeitsplatzverlust oder eine katastrophale Krankheit. Wenn Sie Ihr Geld gut managen, können Sie genug Geld sparen, um unerwartete Ausgaben zu decken.

Die Menschen können Informationen austauschen und miteinander in Verbindung treten, indem sie das Internet, ein globales Computernetzwerk, nutzen. Früher gab es keine Standards für Bankgeschäfte, Investitionen oder Versicherungen. In der Vergangenheit hatten Kunden weniger Optionen und weniger Kenntnisse über ihre Aussichten in ihren lokalen Gebieten, wenn es um finanzielle Entscheidungen ging. Aufgrund des Mangels an Internetverbindung gab es Einschränkungen hinsichtlich der Möglichkeit und des Ortes, wichtige Informationen zu erhalten. Eine Vielzahl von Dingen, darunter Möbel und elektrische Geräte, inspirierte die Menschen zum Kauf. Zu den Käufen können Verträge für Versicherungen und Hypotheken gehören.

Fähigkeiten im Finanzmanagement Haben Sie ein klares Verständnis für Ihre Einnahmen und Ausgaben? Wissen Sie, wie viel Sie für Unterhaltung, Kleidung und Lebensmittel ausgeben?

Eine lebenswichtige Lebenskompetenz, die in Schulen selten gelehrt wird, ist das Management von Geld. Die meisten Menschen lernen von ihren Eltern, wie sie ihre Finanzen verwalten können. Da die Mehrheit der Menschen in der Schule keine finanziellen Fähigkeiten erworben hat, können Sie diese jetzt immer noch lernen. Hier sind einige Tipps, um Ihre Fähigkeiten im Geldmanagement zu verbessern.

Erstellen Sie ein Budget und halten Sie sich

daran. Behalten Sie jeden Kauf im Auge. Wie viel Ihres Einkommens geben Sie für Essen, Unterhaltung, Kleidung und Filme aus? Überziehen Sie Ihr Girokonto häufig? Erstellen Sie in diesem Fall ein Budget. Sie können herausfinden, wie viel Sie in jeder Kategorie ausgegeben haben, indem Sie Ihre Kontoauszüge überprüfen. Sie werden sich über die Höhe des Geldes, das Sie unbeabsichtigt verschwenden, im Klaren sein.

Treffen Sie kluge finanzielle Entscheidungen. Erstellen Sie vor dem Verlassen eine Einkaufsliste für Lebensmittel? Ist es Gewohnheit, den Preis eines Artikels zu überprüfen, bevor Sie ihn in Ihren Einkaufswagen legen? Verwenden Sie Coupons, wenn Sie diese finden können. Nutzen Sie

Smartphone-Apps und Online-Ressourcen, um Ihre Ausgaben im Auge zu behalten.

Achten Sie genau auf Ihre Ausgaben! Wenn Sie diese einfachen Ratschläge ignorieren, werden Sie weiterhin Geld verlieren. Das Sammeln von Coupons erfordert Zeit und Mühe. Es dauert Zeit und Mühe, Coupons zu finden, eine Einkaufsliste zu erstellen und den Preis eines Artikels vor dem Kauf zu überprüfen, aber es wird sich am Ende lohnen.

Überprüfen Sie, ob Ihre Bücher in Ordnung sind. Die meisten Menschen nutzen das Internet, um ihren Kontostand zu überprüfen. Auf diese Weise können Sie Ihre aktuellen Ausgaben nicht verfolgen. Die Verantwortung zu übernehmen und alle Ihre Ausgaben im Blick zu behalten, ist der wichtigste Schritt, um Überausgaben zu vermeiden.

Erstellen Sie einen Plan. Wenn Sie etwas erreichen wollen, brauchen Sie einen Plan. Ohne ein GPS, das Sie führt, können Sie Ihren Weg von Punkt A nach Punkt B nicht finden. Unbeabsichtigt werden Sie sich im Kreis bewegen.

Dies ist dasselbe wie das Fehlen eines Ausgabenplans. Sie werden ständig Geld brauchen und keine Ahnung haben, wohin es geht. Wie ist das Geld ausgegangen? Wenn Sie den richtigen Ansatz wählen, können Sie Ihre finanzielle Situation und Ihre Ausgaben im Auge behalten.

Betrachten Sie sich als Geschäftsperson. Das

211

Bildungssystem bietet kein Geldmanagement an, insbesondere nicht, wie man für finanziellen Erfolg investiert. Die Wohlhabenden haben neben dem Sparen von 500 US-Dollar im Monat gelernt, wie sie investieren und ihren Wohlstand vermehren können, indem sie den Wert von 500 auf 1.000, 10.000, 100.000 US-Dollar und mehr steigern. Indem Sie investieren und Ihre Ersparnisse erhöhen, können Sie eine sichere finanzielle Zukunft garantieren. Betrachten Sie sich als Investor und behalten Sie Ihr Geld im Auge, während es wächst.

Ihr Partner sollte die gleichen finanziellen Ziele wie Sie haben. Verheiratete Paare mit einem gemeinsamen Bankkonto müssen lernen, zusammenzuarbeiten. Sie und Ihr Partner müssen sich beide auf die finanziellen Ziele einigen.

Erstellen Sie ein Budget und holen Sie sich Ratschläge von einem Finanzexperten, wo Sie Ihr Geld anlegen sollen. Sie müssen sicherstellen, dass Ihre finanziellen Ziele miteinander in Einklang stehen und dass Sie vorankommen.

Mache kluge finanzielle Entscheidungen. Verpflichte dich fest zur langfristigen finanziellen Planung und zum Geldmanagement. Du hast die Kraft, deine finanzielle Situation zu verbessern und zu stärken! Die Entscheidung dazu muss jedoch zuerst getroffen werden. Triff die Entscheidung, mit dem Sparen zu beginnen und deine Fähigkeiten im Geldmanagement zu verbessern.

Geldmanagement ist sehr wichtig. Das Befolgen eines Budgets und das Leben innerhalb deiner Möglichkeiten sind wichtige Aspekte eines guten Geldmanagements. Beim Einkaufen suche nach guten Angeboten und meide schlechte Deals. Deine Ziele, wie zum Beispiel das Sparen für eine Anzahlung für ein Haus, lassen sich möglicherweise leichter erreichen, wenn du weißt, wie du investieren kannst, wenn du mehr Geld hast. Indem du die Bedeutung eines soliden Geldmanagements erkennst, kannst du deine kurz- und langfristigen Ziele erreichen. Einige der Erklärungen, warum effektives Geldmanagement wichtig ist, sind unter anderem die folgenden: Der Zustand der Wirtschaft hat sich verbessert. Wenn du sorgfältig mit deinen Ausgaben umgehst und sparst, kannst du genug Geld für die Zukunft haben. Deine Fähigkeit, Geld zu sparen, wird dir die finanzielle Sicherheit geben, die du benötigst, um mit unvorhergesehenen Ausgaben oder Problemen umzugehen, wie zum Beispiel den Verlust deines Jobs, Autoprobleme oder sogar das Sparen für einen Urlaub. Wenn du Geld hast, musst du keine Kreditkarte verwenden, um Probleme zu lösen. Ersparnisse sind ein entscheidender Bestandteil der persönlichen Finanzen, da sie es dir ermöglichen, die Grundlage für deine zukünftigen Finanzen zu legen. Nutze die sich dir bietenden Chancen voll aus. Du kannst von

Gelegenheiten erfahren, in ein Geschäft zu investieren und dein Einkommen zu steigern, oder du könntest von einem freudigen Ereignis erfahren, wie einem fantastischen Urlaubsangebot. Ein Freund könnte dir von einer erstaunlichen Geschäftsmöglichkeit oder einem einmaligen Traumurlaub erzählen. Es könnte frustrierend sein, solche Chancen aufgrund finanzieller Einschränkungen nicht sofort ergreifen zu können. Zahle einen niedrigeren Zinssatz. Deine Kreditwürdigkeit kann ein starker Indikator dafür sein, wie gut du mit deinem Geld umgehst. Die höchste Punktzahl zeigt, dass deine Gesamtverschuldung beherrschbar ist und du deine Verpflichtungen pünktlich zahlst. Eine höhere Kreditwürdigkeit kann zu mehr finanziellen Einsparungen und niedrigeren Zinssätzen bei Kreditkarten, Hypotheken, Autokrediten und sogar Kfz-Versicherungen führen. Du kannst sogar auf Partys mit deinen Freunden mit Stolz von deiner ausgezeichneten Kreditwürdigkeit berichten. Konflikt- und Stresspegel können beide gesenkt werden. Das pünktliche Bezahlen von Rechnungen kann beruhigend sein. Andererseits kann das Nichtbezahlen von Rechnungen pünktlich stressig sein und negative Auswirkungen haben, wie zum Beispiel das Abschalten von Wasser und Gas. Ohne Gehalt bis zur nächsten Gehaltszahlung kann auf eine Beziehung sehr stressig und angespannt wirken. Laut Experten steht Stress mit Zuständen wie Bluthochdruck, Schlaflosigkeit und Kopfschmerzen in

Verbindung. Du könntest dich entspannter fühlen, wenn du weißt, wie du deine Finanzen verwalten kannst, um zusätzliches Geld zu haben und zu sparen. Du wirst ein stressfreies Leben haben. Steigere dein Einkommen. Deine finanzielle Planung muss neben der Frage, wie viel du für die monatlichen Ausgaben ausgeben sollst, auch beinhalten, wo du das zusätzliche Geld investieren sollst, wenn dein Gehalt steigt. Es könnte möglich sein, mehr Geld zu verdienen, indem du in verschiedene Vermögenswerte wie Aktien und Investmentfonds investierst, als dein Geld einfach auf einem Sparkonto bei der Bank zu lassen. Auf der anderen Seite werden einige Unternehmen, wie Offshore-Casinos, nicht als wünschenswerte Investitionsmöglichkeiten betrachtet. Die Möglichkeit zu arbeiten und ein monatliches Einkommen zu erhalten, während deine Vermögenswerte zusätzliches Einkommen generieren, ist einer der faszinierendsten Aspekte des Vermögensbesitzes.

Kapitel Sieben

Benötigte Werkzeuge

Um in den Wertpapiermarkt einzutreten, in dem du daytraden möchtest, wie zum Beispiel an der Börse, benötigst du einen zuverlässigen Broker. Bedenke, dass dein Broker herausragend sein sollte – er oder sie kann nicht einfach gut sein. Warum? Da du nicht direkt auf den Aktienmarkt oder andere Finanzmärkte zugreifen kannst, musst du einen Broker engagieren. Wenn dein

Broker zu lange braucht, um deine Order zu deinem Zielkurs auszuführen oder wenn sein System anfällig für häufige Fehler ist, kannst du immer noch Geld in deinen Trades verlieren, selbst wenn du deine SIPs ordnungsgemäß ausgewählt hast. Es könnte schwierig sein, da es so viele Broker gibt, aus denen du wählen kannst. Einige verlangen sehr niedrige Gebühren, bieten jedoch schlechten Service, während andere hohe Gebühren verlangen, aber exzellenten Service bieten. Noch schlimmer ist, dass einige sowohl teuer als auch nutzlos sind! Zur Erleichterung werde ich am Ende dieses Buches eine Liste wirklich herausragender Broker im Anhang hinzufügen, um dir zu helfen, deine Auswahl auf Qualitätsbroker zu beschränken. Ein bestimmtes

Eigenkapitalniveau ist erforderlich. Die Securities and Exchange Commission (SEC) und die Financial Industry Regulatory Authority (FINRA) haben beide Regeln, die auf Daytrader (FINRA) zutreffen. Sie bezeichnen jeden, der mit Wertpapierhandelsunternehmen in den USA daytraden kann, als "Pattern Day Trader". Personen, die in den letzten fünf Arbeitstagen mindestens viermal Trades eröffnet und geschlossen haben, gelten als Pattern Day Trader. Die SEC und FINRA schreiben vor, dass Pattern Day Trader vor dem Daytraden ein Mindesteigenkapital von 25.000 US-Dollar auf ihrem Brokerage-Konto haben müssen. Broker müssen Pattern Day Tradern untersagen, weitere Daytrades zu tätigen, bis ihr Eigenkapital aus irgendeinem Grund wieder auf

221

mindestens 25.000 US-Dollar gestiegen ist, wenn es unter dieses Niveau fällt. Viele unerfahrene Daytrader sehen diese Einschränkung als Hindernis für den Erfolg des Daytradens anstelle als Vorsichtsmaßnahme gegen Daytrading-Katastrophen, insbesondere solche mit weniger Kapital als dieser Betrag. Sie sind sich nicht bewusst, dass es dazu dient, sie daran zu hindern, übermäßige Daytrading-Risiken einzugehen, die leicht dazu führen könnten, dass ihre Handelsmittel aufgrund der von ihren Brokern berechneten Provisionen und Gebühren verloren gehen. Obwohl das Gesetz verlangt, dass diese Norm erfüllt wird, können viele Broker und Händler einen Pattern Day Trader enger definieren, wenn sie mit ihm umgehen. Es ist wichtig, diese

Mindestanforderung an Eigenkapital bei deinem ausgewählten Broker zu klären, um spätere Missverständnisse zu vermeiden. Wenn du die Mindestanforderung an Eigenkapital von 25.000 US-Dollar für das Daytrading nicht erfüllen kannst, kannst du mit einem Offshore-Broker handeln. Ein Brokerunternehmen, das außerhalb der Vereinigten Staaten tätig ist, ist die Capital Markets Elite Group Limited mit Sitz in Trinidad und Tobago. Diese Broker operieren außerhalb des Zuständigkeitsbereichs der FINRA, daher gilt die Regelung für den Pattern Day Trader nicht für sie. Das bedeutet, dass der Mindestzahlungsbetrag nicht derselbe für dich ist. Es gibt zwei Arten von Brokern: Direct-Access-Broker und herkömmliche Broker. Normalerweise verwenden herkömmliche Broker irgendeine Art von vorab vereinbartem Orderabwicklungssystem, um die Aufträge ihrer Kunden, einschließlich deiner, an andere Unternehmen weiterzuleiten. Die Ausführung deiner Aufträge über herkömmliche Broker beinhaltet daher viele Schritte und kann eine Weile dauern. Und beim Daytraden kommt es auf Geschwindigkeit an.

Da herkömmliche Broker ihren Kunden in der Regel zusätzliche Dienstleistungen wie Marktforschung und finanzielle Beratung anbieten, werden sie manchmal als Full-Service-Broker bezeichnet. Aufgrund dieser "Extras" sind ihre Provisionen und Kosten manchmal viel höher als die von Direct-Access-Brokern. Da sie weniger besorgt über die Geschwindigkeit der Transaktionsausführung sind als Daytrader, profitieren langfristige Anleger und Swingtrader von der Verwendung herkömmlicher oder Full-Service-Broker.

Im Vergleich zu Full-Service- oder herkömmlichen Brokern priorisieren Direct-Access-Broker die Geschwindigkeit der Transaktionsausführung über Forschungs- und Beratungsdienstleistungen. Da sie oft auf die zusätzlichen Dienstleistungen verzichten, um einen schnellen und einfachen Zugang zum Aktienmarkt zu ermöglichen, bieten sie auch reduzierte Gebühren an. Daher sind viele von ihnen als "Discount-Broker" bekannt.

Um ihren Kunden Online-Plattformen zur Verfügung zu stellen, die es ihnen ermöglichen, direkt mit dem Aktienmarkt zu handeln,

225

verwenden Direct-Access-Broker sehr komplexe Computersysteme. Obwohl sie die erforderlichen Transaktionsgeschwindigkeiten für das Daytrading bieten, sind sie nicht perfekt und haben ihre eigenen Nachteile.

Eine solche Herausforderung besteht in der Umsetzung von monatlichen Handelsvolumenbeschränkungen. Wenn Sie ihr erforderliches monatliches Handelsvolumen nicht erreichen, das normalerweise als ihre Mindestmonatsprovision von Ihrem Konto und allen anderen Konten ihrer Kunden dient, berechnen sie Ihnen eine "Inaktivitätsgebühr". Nicht alle erschwinglichen Brokerage-Dienstleistungen erheben Inaktivitätsgebühren.

Ein weiteres Problem, mit dem Direct-Access-

Broker konfrontiert sind, ist das fehlende Wissen unerfahrener Daytrader über den Direct-Access-Handel. Mit herkömmlichen Brokern muss ein Anfängerhändler lediglich die Details seiner Aufträge an seinen Broker weitergeben, der dann alle Schritte zur Ausführung dieser Aufträge am Markt durchführt. Mit Direct-Access-Brokern verwendet der Daytrader jedoch die Internetplattform oder Software des Brokers, um die Aufträge auszuführen.

Für neue Daytrader kann dies herausfordernd sein, da sie neben der Auswahl ihrer SIPs auch wissen müssen, wie sie ihre Aufträge auf der Plattform ordnungsgemäß ausführen können. Anfänger-Daytrader haben jedoch wahrscheinlich bereits Erfahrung im Direct-Access-Handel, da das Daytrading eine komplexere Form des Aktienhandels ist.

Die Handelsplattform. Eine Handelsplattform ist das Computerprogramm oder die Software, die du zum Daytrading verwenden wirst. Viele Händler verwechseln dies mit einem Direct-Access-Broker, obwohl sie unterschiedlich sind.

Deine Aufträge werden über die Handelsschnittstelle an die Börse gesendet, wo der Direct-Access-Broker sie in deinem Auftrag klärt. Es ist sehr ungewöhnlich, dass solche Unternehmen ihren Kunden ihre eigenen proprietären Handelsplattformen für den Handel mit Aktien an der Börse erstellen und bereitstellen, wenn auch nicht so ungewöhnlich wie bei Direct-Access-Brokern.

Wie viele und welche Art von

Handelsplattformfunktionen Direct-Access-Broker ihren Kunden bieten, beeinflusst die Höhe ihrer Gebühren für ihre Dienstleistungen. Eine Plattform bietet mehr Funktionalität, wenn Provisionen und Gebühren höher sind, und umgekehrt.

Eine der wichtigsten Funktionen, die du in einer Handelsplattform suchen solltest, sind Hotkeys. Wenn du sie nicht hast, kannst du möglicherweise keine Vereinbarungen schnell genug abschließen, um sie profitabel zu machen. Eine Sekunde zu spät zu sein kann der Unterschied zwischen dem Eingehen und Schließen von Positionen zu den besten Preisen sein und dem Verpassen von profitablen Daytrading-Chancen, da sich das Daytrading auf Aktien mit hoher Volatilität konzentriert.

Echtzeitaktualisierungen zu Marktdaten

Daytrader benötigen fortlaufende Echtzeitdaten, da sie innerhalb von Stunden, Minuten oder sogar Sekunden Positionen betreten und verlassen müssen, im Gegensatz zu Swingtradern und langfristigen Investoren, die nur End-of-Day-Preisdaten benötigen, die online leicht verfügbar sind. Leider sind Echtzeit-Intraday-Preisdaten nicht kostenlos; Du musst deinem Direct-Access-Broker oder dem Plattformbetreiber (falls sie separate Einheiten von der Brokerfirma sind) eine monatliche Gebühr zahlen. Frage deinen Direct-Access-Broker, wie viel dich ein monatliches Abonnement für Echtzeit-Daytrading-Daten kosten wird.

Als Daytrader musst du besonders auf zwei

grundlegende Arten von Daten achten: die Gebots- und Angebotspreise. Die Gebotspreise repräsentieren die Beträge, die andere Händler und Investoren bereit sind, für eine bestimmte Aktie auszugeben. Die Preise, zu denen andere Händler und Investoren bereit sind, eine Aktie zu verkaufen, werden als "Angebotspreise" bezeichnet.

Die Reihenfolge der Gebots- und Angebotspreise ist so angelegt, dass der höchste Preis zuerst erscheint. Der höchste Preis, zu dem Käufer bereit sind, einen Kauf zu tätigen, oder der höchste Gebotspreis, ist der beste Preis für Verkäufer. Es ist der beste Preis aus Sicht des Kunden. Die Gebots- und Angebotspreise zeigen auch, wie viele Aktien andere Händler und Investoren zu bestimmten Levels kaufen oder verkaufen wollen.

Die Angebotspreise sind oft rechts aufgeführt, während die Gebotspreise in der Regel links platziert werden, wobei der beste Gebots- und Angebotspreis direkt nebeneinander steht. Wenn du deine Kaufaufträge sofort erfüllen möchtest, "kaufst du hoch" zum höchsten angeforderten Preis. Wenn du deine Verkaufsaufträge heute erfüllen möchtest, verkaufe unten zum besten Angebotspreis.

Aufträge für das Daytrading Die drei häufigsten Arten von Daytrading-Aufträgen sind Market, Limit und Marketable Limit Orders.

Marktorders sind solche, die sofort mit dem Ziel platziert werden, Aktien zum aktuellen

Marktpreis zu kaufen oder zu verkaufen.

Beachte, dass diese Begriffe darauf hinweisen, einen Kauf zum besten aktuellen Angebotspreis oder einen Verkauf zum besten aktuellen Gebotspreis zu tätigen.

Abhängig von den Marktbedingungen und den anschließenden Preisänderungen im Laufe des Tages können Marktorders die schlechtesten oder besten Preise für den Handel sein. Wenn du beispielsweise einen Marktverkaufsauftrag erteilst, wenn die Gebots- und Angebotsrange 1,00-1,05 $ beträgt und sich die Range bis zur Zeit deiner Orderausführung auf 0,95-1,01 $ geändert hat, wird dein Verkaufsertrag um mindestens fünf Cent multipliziert mit der Menge der verkauften Aktien reduziert.

Überlege, einen Kaufmarkt-Auftrag im Bereich von 1,10 bis 1,15 $ zu platzieren, wenn die Gebots- und Angebotsraten jetzt bei 1,10 bis 1,15 $ liegen. Die Gebots- und Angebotspreise haben sich bis zur Ausführung deiner Marktorder auf 1,12 bis 1,17 $ verschoben, was dich 0,02 Cent extra pro Aktie dieser Aktie kostet.

Nur Market Maker und erfahrene Trader mit viel Wissen und Erfahrung im Daytrading können von Market Orders profitieren. Einzelhandels-Daytrader wie du und ich sollten versuchen, Market Orders so weit wie möglich zu vermeiden. Warum?

Aktienauswahl und Watchlist-Scanner Da es jeden Handelstag Hunderte von Aktien gibt, die für das Daytrading geeignet sind, ist es herausfordernd, den Markt manuell schnell genug nach SIPs zu durchsuchen, um rechtzeitig Daytrades zu tätigen. Du musst Marktsuchwerkzeuge verwenden, um deine Daytrading-Optionen zu fokussieren.

Kapitel Acht

Eine siegreiche Mentalität haben

Engagiert Die allgemeine Weisheit besagt, dass alles Komplexe, wie das Daytrading, 10.000 Stunden Praxis erfordert, um es wirklich zu beherrschen. Bei acht Stunden pro Tag entspricht dies etwa 3,5 Jahren. Mit anderen Worten, das Beherrschen des Daytradings ist eher ein Marathon als ein Sprint. Du wirst ein lebenslanger Lerner sein. Die besten Daytrader sind diejenigen, die verstehen, dass ständig neue und verbesserte Strategien entwickelt werden, nicht diejenigen, die glauben, alles bereits gehört zu haben. Wahre Profis können von den Amateurkollegen unterschieden werden, weil sie immer nach den neuesten Entwicklungen in Theorie und Strategie suchen. Selbst Forschungsergebnisse von vor sieben Tagen können aufgrund der täglichen Bewegung der Märkte völlig veraltet sein. Begrenze nicht dein Verdienstpotenzial; entscheide stattdessen jeden Tag, es zu verbessern. Denke daran, dass du lernen musst, wenn du Geld verdienen möchtest

Intuitiv. Kluge Trader machen sich keine Sorgen darüber, was andere glauben oder tun, während sie Trades außerhalb des Mainstreams tätigen; stattdessen führen sie ihre eigene Forschung durch und vertrauen auf sich selbst. Die besten Erfolge werden erzielt, indem man gegen den Strom schwimmt, und das ist es, was gewöhnliche Verdienstnehmer von außergewöhnlichen Verdienstnehmern unterscheidet. Das Erkennen von großartigen Angeboten und das Vermeiden von Schafen, die blind schlechten Ratschlägen folgen, können beide erleichtert werden, indem man den Unterschied zwischen Geschäftshype und kalten, harten Fakten versteht. Wenn du Angst hast, deinem Bauchgefühl zu folgen, studiere mehr und starte mit kleinen Deals; Früher Erfolg wird dein Selbstvertrauen stärken und sich langfristig positiv auswirken. Vertraue auf deine Fähigkeiten, und der Erfolg wird kommen. Nie unvorbereitet sein. Die erfolgreichsten Trader sind diejenigen, die einen klaren Plan haben und wissen, wie sie sich unabhängig von allem daran halten können. Das bedeutet nicht, blind an einer Strategie festzuhalten, die nicht die gewünschten Ergebnisse bringt, sondern es bedeutet, dass du jeden Tag im Voraus planst und eine klare Vorstellung davon hast, wonach du in den Trades suchst, die du verfolgst. Es ist wichtig, sich an diese Technik zu halten, da es für Trader, auch erfahrene Profis, allzu einfach ist, ihre Emotionen Entscheidungen beeinflussen zu lassen, die ohne vorherige Überlegung getroffen werden. Deine tägliche Handelsleistung wird durch deine Fähigkeit, deine Emotionen zu steuern, verbessert. Selbstbewusst. Großartige Trader sind so vertraut mit sich selbst wie mit ihren bevorzugten Märkten. Dies hilft ihnen, ihre Vorteile optimal zu nutzen, während sie sich auch ihrer Schwächen bewusst sind und wissen, wie sie deren Auswirkungen im täglichen Handel minimieren können. Das Wissen um deine Schwächen wird dir helfen, das Risiko so effektiv wie möglich zu managen und konstant hervorragende Renditen zu erzielen. Entschlossen. Die besten Trader sind diejenigen, die nicht nur ihre Hausaufgaben machen und im Voraus bereit sind, sondern auch handeln, wenn der Moment perfekt ist. Der Markt kann sich in Sekundenschnelle ändern, und die Fähigkeit, eine Gelegenheit zu nutzen, wenn sie auf dem

239

Höhepunkt ist, kann einen signifikanten Gewinn ausmachen oder brechen. Dies geht nicht um Glück oder Bauchgefühl; es geht darum, brandneue Informationen zu interpretieren und die optimale Handlungsweise zu wählen. Selbstmotiviert. Die besten Trader sind diejenigen, die von einem echten Wunsch nach Erfolg in dem, was sie tun, motiviert sind, und nicht von einem Chef, der sie genau beobachtet, oder von Stapeln unbezahlter Rechnungen. Du wirst dich nicht richtig darauf vorbereiten können, Trades vorzunehmen und mit der notwendigen Disziplin zu handeln, um von gut zu außergewöhnlich zu gelangen, es sei denn, du nutzt deine eigene Leidenschaft, um erfolgreich zu sein. Die besten Daytrader sind sich ihres Risikoappetits bewusst und investieren niemals

Geld, das sie sich nicht leisten können zu verlieren. Verluste sind für Trader unvermeidlich, da kein Trader jedes Mal richtig liegen kann. Allein diese Tatsache bedeutet, dass du in einer finanziell starken Position sein musst, dass dich ein einziger fehlgeschlagener Handel nicht in eine Abwärtsspirale stürzt, die zu mehreren schlechten Transaktionen und einem verschwendeten Bankroll führt. Halte eine emotionale Distanz zwischen dir und den Transaktionen, damit du immer auf Vernunft hören und Emotionen aus dem Gespräch heraushalten kannst. Besonnen. Erfahrene Trader wissen, dass spontane Entscheidungen ohne ausreichende Überlegung die schlechteste Entscheidung sind, die du treffen kannst. Dein Ziel sollte immer sein, Entscheidungen zu treffen, die proaktiv anstatt reaktiv sind. Verstehe alle möglichen Ergebnisse eines bestimmten Ereignisses und was du in jedem Fall tun wirst.

Fazit

Als Vollzeit-Trader hast du keine Verpflichtungen gegenüber jemand anderem. Du allein musst in deiner Funktion als unabhängiger Auftragnehmer Rechenschaft ablegen. Du arbeitest nicht für einen autokratischen Arbeitgeber, der dich von seinem Bürofenster aus beobachtet, um zu sehen, ob du arbeitest. Wenn du krank bist, könntest du entscheiden, den ganzen Tag im Bett zu bleiben. Der wunderbare Teil am Daytrading ist, dass du eine individuelle Handelsstrategie entwickeln kannst, die zu deinem Temperament, deiner Persönlichkeit und deinem Lebensstil passt. Wenn der Markt zu turbulent wird, um ihn zu bewältigen, nimm dir einen Tag frei und erledige alle unerledigten Aufgaben, einschließlich Hausarbeit, Kochen oder Besuch von Familie oder Freunden. Du kannst das Geld, das du durch das Vermeiden eines gefährlichen Marktes gespart hast, für deine Kinder, Erledigungen oder Einkäufe verwenden. Das Beste am Daytrading als Möglichkeit, Geld zu verdienen, ist, dass es keinen Abschluss oder sonstiges spezialisiertes Wissen erfordert. Bevor du dich als bereit für aktives Trading bezeichnest, musst du zwar viele Informationen aufnehmen, aber es gibt keine Zertifizierungsanforderung. Es gibt viele kostenlose Internetressourcen, die dir bei der Erhöhung deiner finanziellen Bildung helfen können. Du kannst dich dafür anmelden. Der optimale Ansatz besteht darin, sowohl Internetrecherche als auch das Lesen eines guten Buches zu kombinieren. Daytrading ermöglicht es dir auch, flexibel von zu Hause aus zu arbeiten. Du arbeitest von zu Hause aus, während du deinen Kaffee genießt. Du benötigst keine Genehmigung von jemandem in leitender Position, um deine Transaktionen durchzuführen. Du bist verantwortlich für die Art der Ausführung der Transaktion sowie für alle Gewinne. Einer der verlockendsten Vorteile als Daytrader ist die Möglichkeit, gut zu schlafen. Am Ende des Tages sind alle deine

Transaktionen abgeschlossen. Es besteht keine Gefahr eines finanziellen Verlusts über Nacht. Es besteht keine Chance, dass der Wert deiner Aktien über Nacht auf Null abstürzt, während du im Tal der Träume bist. Das Daytrading bietet dir mehr Kontrolle über deine Handelsorganisation und mehr Gewissheit über Gewinne. Wenn während des Tages alles gut gelaufen ist und du genug Geld verdient hast, kannst du nachts gut schlafen.